CRIPTOMONEDAS

Comercio e inversión en bitcoin litecoin y otras más

(Métodos de comercio e inversión en bitcoin)

Pablo Mora

Publicado Por Daniel Heath

© **Pablo Mora**

Todos los derechos reservados

Criptomonedas: Comercio e inversión en bitcoin litecoin y otras más (Métodos de comercio e inversión en bitcoin)

ISBN 978-1-989853-36-8

Este documento está orientado a proporcionar información exacta y confiable con respecto al tema y asunto que trata. La publicación se vende con la idea de que el editor no esté obligado a prestar contabilidad, permitida oficialmente, u otros servicios cualificados. Si se necesita asesoramiento, legal o profesional, debería solicitar a una persona con experiencia en la profesión.

Desde una Declaración de Principios aceptada y aprobada tanto por un comité de la American Bar Association (el Colegio de Abogados de Estados Unidos) como por un comité de editores y asociaciones.

TABLA DE CONTENIDO

Parte 1

Introducción

Este libro explica todo lo que necesita saber acerca de invertir en criptomoneda. La mayoría de la gente se pregunta, ¿por qué debería invertir en criptomoneda? ¿Cuáles son las mejores criptomonedas para poner en mi cartera? ¿Cómo puedo guardarlos y comprarlos? Encuentre respuestas a estas y otras preguntas que le puedan preocupar con respecto a invertir en criptomoneda.

Las monedas criptográficas o virtuales, como Ethereum o Bitcoin, son, con mucho, los inventos de inversión más populares disponibles en la actualidad. Estos tokens criptográficos intercambiables e inmutables prometen convertirse en dinero en efectivo no manipulado para todo el mundo. Sus defensores ven un futuro en el que las criptomonedas, como Bitcoin y otras, sustituirán al dólar, al euro, etc. y crearán la primera moneda mundial dura y libre.

La criptomoneda es la nueva tendencia en el mercado monetario, que contiene elementos de la teoría matemática y la informática. Su función principal es proteger las comunicaciones, ya que convierte datos legibles en código irrompible. Uno puede rastrear sus compras y transferirlas con criptomoneda. Ya sea la idea de la criptomoneda o la divergencia de su cartera, los individuos de diferentes ámbitos de la vida están invirtiendo en monedas digitales. Si usted es de alguna manera nuevo en el concepto de criptografía y se pregunta qué está pasando, aquí están los conceptos básicos y las consideraciones para las inversiones en criptomonedas.

Capítulo 1: Los fundamentos básicos de la criptomoneda y la cadena de bloques

¿Qué es la criptomoneda?

La criptomoneda es una forma de moneda digital creada mediante criptografía. Por lo tanto, "criptomoneda" es un nombre derivado de la palabra criptografía, que significa estar encriptado. De manera simple, esto se puede traducir directamente a una moneda que se ha verificado y cifrado mediante un sistema digital. La tecnología de criptografía creció en la década de 1980 cuando se descubrieron muchas monedas digitales y puestas a disposición para su uso. Invertir en este mercado era un gran riesgo, ya que la mayoría de las personas lo asociaban con robo, violencia y adicción a las drogas, mientras que otros pensaban que era un esquema piramidal algo que existe incluso hoy en día.Actualmente, invertir en Crypto se ha convertido en una actividad central para todos. Es muy importante entender que la criptomoneda está profundamente arraigada en la más alta tecnología. Como resultado, para acceder a esta moneda, uno debe participar en las transacciones que se realizan mediante plataformas digitales que utilizan el software cifrado. Lo que hace el sistema es que controla la transferencia de divisas y las transacciones entre pares sin involucrar a ningún actor central, como el gobierno o los bancos. Lo más interesante sobre el uso de la criptomoneda es que nunca se ve afectado por la inflación o la deflación que estancan el mercado extendido con dinero de moneda. Como resultado, la mayoría de los inversores optan por invertir en monedas criptográficas. Un récord anual de más del 0,5% de aumento de nuevos usuarios de criptomonedas es proporcional al aumento desenfrenado en minar la criptomoneda.

¿Qué entienden los principiantes por criptomoneda?

Criptomoneda es una palabra ambigua para novatos. Es importante tener en cuenta que criptomoneda es una palabra anónima en el mercado digital que se está volviendo tendencia alarmantemente rápido. El hecho es que tratar de comprender todo el proceso vale la pena, teniendo en cuenta que hoy en día, aquellos que tienen conocimiento de la moneda digital están obteniendo ganancias anormales que nadie puede obtener en el mercado monetario normal.De los registros de las estadísticas de criptomonedas, se está produciendo una gran cantidad de mejoras con tantos principiantes que fluyen todos los días. Bueno, el futuro de la criptomoneda es impredecible, ya que la mayoría de sus aplicaciones parecen ser más una moda pasajera. No hasta 2017, esa criptomoneda se ha hecho cargo del mercado con tantos miembros a pesar de las desventajas y las ventajas que podrían afectar su desempeño futuro. Para obtener una comprensión absoluta del dinero digital, debe dominar los conceptos básicos de la criptomoneda, especializándose en su origen, quién la fundó, dónde y cuándo, entre otros hechos relacionados con su historia.

Historia de Bitcoin y otras monedas

SatoshiNakamoto descubrió la minería de Bitcoin en el año 2008. A esto le siguió la publicación del libro "A Peer-to-Peer Electronic Cash System". Para crear un sistema de efectivo electrónico totalmente descentralizado e independiente, Nakamoto se basó en dos grandes avances tecnológicos que había inventado antes de este último. Estos son el B-Money y la tecnología de trocear la liquidez. Para comprender el sistema, primero se debe considerar establecer una base de conocimiento sobre los dos tipos de tecnologías. El sistema de minería Bitcoin es una tecnología digital distribuida de computación que está diseñada para llevar a cabo algoritmos matemáticos cada 10 minutos a nivel global. Lo único que importa es que la red del sistema está descentralizada para garantizar que haya un consenso equilibrado para toda la transacción y que se evite el doble gasto, lo que garantiza que no se utilice la unidad individual dos veces.

Después de la invención de Bitcoin en 2008, la red llevó todo un año de pruebas, investigación y verificación. Después de eso, comenzó a operar en 2009. En ese momento, toda la red dependía solamente de las publicaciones y directrices de Nakamoto, después de lo cual varias personas comenzaron a inventar otros programas y a revisar el trabajo de Nakamoto. Hoy en día, existe un récord de aumento desenfrenado de la resistencia y seguridad de Bitcoin debido a una gran mejora en el avance tecnológico del sistema de computación digital distribuida. Según la moneda digital y las estadísticas financieras, la capacidad de procesamiento del sistema electrónico de Bitcoins está por encima de cualquier supercomputadora con la mejor calificación en el mundo de hoy.Actualmente, se estima que el valor de Bitcoin en el mercado es de $ 5 a $ 10 mil millones, que varía según la tasa a la que se intercambian el dólar y el Bitcoin. La minería de Bitcoin es un sistema descentralizado que depende completamente de su cálculo. Esto significa que no involucra a ninguna agencia central o autoridad para ayudar a validar las transacciones, liquidar pagos o emitir divisas entre las personas que realizan transacciones. El sistema se basa en una prueba de trabajo como un indicador de que cierta transacción se llevó a cabo y de que cierto individuo obtuvo Bitcoins después del éxito. Hoy en día, el sistema electrónico de Bitcoin puede procesar instantáneamente más de $ 150 y liberarlos libremente para la transacción entre pares a un costo cero. No se hacen cargos en tales transacciones ya que no hay intermediarios involucrados. Además, no hay impuestos en este sistema de transacción.

¿Qué es Bitcoin?

En un ecosistema de moneda digital, una combinación de tecnología y conceptos bajo los cuales operan las transacciones es lo que se conoce como Bitcoin. Es una medida de unidad de moneda que se utiliza para transmitir y almacenar un valor de un igual a otro durante las transacciones, formando así redes de Bitcoin. Internet es la red principal a través de la cual se lleva a cabo la red de bitcoins. Existen otros métodos de red para que los socios sigan realizando transacciones independientemente de la ubicación y la distancia. Toda la red de Bitcoin se puede apilar en un software que se instala fácilmente en la computadora del usuario de Bitcoin. El software también puede instalarse en teléfonos inteligentes móviles, computadoras portátiles y computadoras de escritorio para que el mercado sea asequible y esté disponible para todos.Al igual que el dinero o cualquier otra moneda utilizada en todo el mundo, la moneda Bitcoin puede ser utilizada por los comerciantes y la gente común como una unidad de valor para las ventas y compras, para acreditar y cargar, así como para transferencias entre personas. La mayor ventaja de usar la moneda de Bitcoin sobre la moneda de dinero es que son universales, por lo que nunca pueden ser limitados por las fronteras. Además, con la moneda de bitcoin, se mejora la alta seguridad ya que el sistema está cifrado y dotado de características digitales como la firma digital. Lo más sorprendente es que el sistema es más rápido transmitiendo Bitcoins que cualquier otra moneda.

Transacciones en Bitcoin

Una transacción de Bitcoin es la transferencia de valor entre billeteras de Bitcoin en un libro mayor público compartido (cadena de bloques). Toda la red de Bitcoin se basa en la cadena de bloques y todos en la red tienen una copia de la cadena de bloques. Las billeteras de Bitcoin guardan semillas o claves privadas, que son un dato secreto. Estas claves privadas se usan para firmar transacciones donde proporcionan evidencia matemática de que se originan en la billetera de los propietarios. Estas firmas brindan seguridad al evitar las alteraciones de las transacciones por parte de cualquiera una vez que se emiten. Cada transacción se difunde entre los usuarios a través de un proceso conocido como minería. Para que alguien reciba un Bitcoin, debe proporcionar al remitente la dirección de Bitcoin generada. El remitente envía una nueva transacción con su dirección nombrada como el remitente y la dirección del destinatario como destinatario.

Trabajando con cadenas de bloques

Un Bitcoin es fundamentalmente un archivo de contabilidad de datos muy simple conocido como cadena de bloques. Esto es comparativamente pequeño, como un mensaje de texto largo en un teléfono inteligente. Una cadena de bloques de Bitcoin se compone de tres partes: la dirección de identificación, el historial y el registro de encabezado de clave privada. La dirección de identificación se compone de aproximadamente 34 caracteres; la parte de la historia es el libro de contabilidad que muestra quién lo ha comprado y vendido. La tercera parte es la parte compleja donde se captura una firma digital complicada para confirmar cada transacción para un archivo Bitcoin en particular.

Todos los dispositivos involucrados en la red Bitcoin mantienen y almacenan una copia de la cadena de bloques. Una vez que los usuarios han gastado sus Bitcoins, las transacciones se transmiten a la red. La nueva transacción se recopila, verifica y guarda en la cadena de bloques. Estas últimas actualizaciones se agrupan como fragmentos de datos conocidos como bloques. Estos nuevos bloques se transmiten al resto de la red para actualizaciones.

Todos los bloques en la cadena de bloques se almacenan en orden cronológico. Solo se pueden agregar nuevos bloques a la cadena de bloques. Los bloques ya existentes no pueden ser eliminados o modificados. Esto se hace utilizando hashing criptográfico. Todos los nuevos bloques de entrada deben tener un valor de hash para demostrar que el nuevo bloque existe justo después del bloque anterior. Cualquier manipulación o modificación manipulará de forma impredecible el valor hash de referencia de todos los bloques que seguirán. Esta técnica mantiene la cronología de la cadena de bloques y evita la modificación o manipulación de los bloques existentes. La sincronización de transacciones y la restricción de usuarios deshonestos se realizan mediante la criptografía de clave pública y el concepto de prueba de trabajo.

¿Pueden crearse Bitcoins de la nada?

Cada Bitcoin existe como una entrada en el libro mayor de blockchain. Estas entradas describen las transacciones del remitente al destinatario. Todos los remitentes primero deben ser destinatarios de una transacción existente. Para que usted sea un remitente, primero debe ser un receptor, y esto se confirma o verifica mediante la firma digital. Tenga en cuenta que la existencia y propiedad de Bitcoin solo se debe a una transacción. Sin embargo, la única excepción a la regla de remitente a destinatario es la transacción que describe Bitcoinrecién creada (minería). En estas transacciones, no hay remitentes, solo existen destinatarios. Tenga en cuenta que los Bitcoins no se pueden falsificar, ya que se pueden rastrear hasta su origen.

Convertir transacciones en cadenas de bloques

Una vez que la transacción ha sido validada, el nodo de Bitcoin la agrega al grupo de transacciones, o grupo de memoria, un lugar donde las transacciones esperan hasta que se extraen / incluyen en el bloque. Una persona, por ejemplo, Isaac puede minar Bitcoin a través de la 'plataforma de minería', un sistema de hardware de computadora diseñado específicamente para la minería de Bitcoin. Este hardware dedicado a la minería está conectado a un servidor que ejecuta un nodo bitcoin completo, que en este caso podemos llamarlo Nodo Isaac. Aunque también puede minar Bitcoinsin un nodo completo. El nodo de Isaac procede mediante la recopilación, validación y transmisión de nuevas transacciones como otros nodos. Sin embargo, a diferencia de otros nodos, el nodo de Isaac procederá agregando esta transacción en un bloque candidato.

Una chica con el nombre de Ann quería algunos Bitcoins, así que cambió algo de dinero para adquirirlos. La transacción fue creada por Martin, que financió la cartera de Ann con aproximadamente 0.20 BTC. Ann usó su bitcoin para comprar una taza de té en el restaurante de Jane. Ahora echemos un vistazo a los bloques que se crean cuando Ann compró una taza de té del café de Jane. La transacción de Ann se incluirá en el bloque X (299,516). Ahora supongamos que este bloque es minado por los sistemas de minería de Isaac y que sigue atentamente la transacción de Ann, ya que resulta ser parte del nuevo bloque.

El nodo de minería de Isaac mantendrá

una copia local de la cadena de bloques, que incluirá una larga lista de cada bloque que se haya creado desde 2009, el comienzo del sistema de bitcoin. Cuando Ann compra una taza de té, el nodo de Isaac ensambla una cadena hasta el bloque Z (299,514). El nodo de Isaac está muy interesado en escuchar cada transacción, en tratar de extraer un nuevo bloque y en escuchar otros bloques descubiertos por otros nodos. Como el nodo de Isaac está ocupado en la minería, obtiene el bloque Y (299,515) a través de la red de bitcoin. La llegada de este nuevo bloque implica el final de una competencia muy dura para el bloque Y (299,515) y el inicio de una nueva competencia para crear el bloque X (299,516).

Durante los últimos diez minutos, cuando el nodo de Isaac estaba ocupado buscando una solución relacionada con el bloque Y (299,515), también estaba ocupado recolectando otras transacciones para prepararse para el siguiente bloque. Por lo tanto, al final de los diez minutos, habrá recopilado una serie de transacciones en su grupo de memoria. Cuando haya recibido el bloque Y (277,315) y lo haya validado, el nodo de Isaac verificará cualquier transacción en el conjunto de memoria y eliminará todo lo que estaba contenido en el bloque Y (299,515). Cualquier transacción que permanezca en el grupo de memoria y no esté confirmada quedará registrada en otro bloque.

El nodo de Isaac construye instantáneamente otro bloque vacío, el bloque candidato 299,316. El nuevo bloque se conoce como bloque candidato ya que es un bloque no válido ya que no contiene una prueba auténtica de trabajo. La única forma de hacer que un bloque sea válido es si un minero encuentra con éxito una solución para el algoritmo de prueba de trabajo.

Capítulo 2: Consejos para minar criptomoneda

Cuando se trata de la minería, a muchos les resulta difícil comprender los pocos pasos, algunos de los cuales he resaltado clara y profundamente en este libro. Con la vasta información disponible, puede encontrar ideas adicionales para hacer que su proceso de minería sea más efectivo y productivo. En este capítulo, me complacerá compartir con usted algunos de los trucos y consejos que puede aplicar para facilitar su proceso de minería criptográfica.

Tips

Una plataforma de minería será la primera orden del negocio

En lo que respecta al proceso, la plataforma de minería es una de las más competitivas que jamás haya visto. A la mayoría de las personas en este mundo les resulta fácil y vale la pena invertir en el proceso de minería, ya que la cantidad de mineros con el último software de minería aumenta cada día. Teniendo esto en cuenta, deseará comenzar con la debida diligencia si espera tener oportunidades en este campo lucrativo.

Cryptocurrencycalculator es un dispositivo que puede ayudarlo con la parte de investigación. Todo lo que tienes que hacer es ingresar tu información importante en el minero de monedas que estás planeando obtener y ver cuánto tiempo necesitarás para obtener una ganancia. Para ser sincero con usted, si no tiene al menos un par de cientos de dólares para gastar, probablemente no tendrá grandes beneficios.Una vez que haya completado todos los cálculos necesarios, puede seleccionar su minero. Si no está seguro de cuál es la mejor opción para usted, puede visitar los sitios web de minería que han revisado la mejor opción para usted. La opción más nueva y poderosa hoy en día es el Antminer S9.

Aquellos interesados en esto deben saber que las cosas han cambiado desde los primeros días de la minería criptográfica cuando fue posible realizar esta acción desde su computadora con una tarjeta gráfica. Esto se llamó minería de GPU y ya no es una opción; hoy necesitará un minero ASIC, que es una computadora especialmente diseñada para manejar esta tarea.

Obtener una billetera de moneda

Diferentes monedas digitales pueden tener una billetera específica diseñada para ellos. Antes de continuar, necesitará obtener una buena billetera y asegurarse de que las contraseñas sean seguras. Necesitarás un lugar para guardar tus valiosas monedas. La billetera ahora es muy fácil de conseguir, pero es importante que se maneje adecuadamente. Una vez que tenga su billetera de criptomonedas, necesitará obtener la dirección. El proceso ha sido explicado en detalle en parte de este libro.

En caso de que decida utilizar una billetera auto-alojada, que es un programa descargado en su computadora en lugar de un servicio en línea, tendrá que dar otro paso crucial. Lo que necesitará es una copia del archivo .dat de su billetera almacenado en algún lugar seguro, como en una unidad de disco USB. La razón por la que necesitará esto es en el caso de que su computadora falle. Sin una copia de su archivo wallet.dat, podría perder todas sus monedas recolectadas. No irán a otra persona, simplemente desaparecerán como quemar papel moneda.

Encontrar un buen grupo de minería

Encuentre un buen grupo de minería, hay muchas ventajas cuando se une a uno. Un grupo de minería es como un grupo de mineros criptográficos que combinan su poder de cómputo recolectado para producir aún más monedas de una vez. En el grupo de minería, se le dará un algoritmo más fácil de trabajar y la combinación de esfuerzos hará que sea posible resolver los algoritmos más grandes y ganar el bloque de criptomoneda que se dividirá entre el equipo de mineros. Esto hace que obtener el bloque de monedas sea más frecuente. Hará su ROIS personal mucho más rápido porque trabajará en combinación con otros mineros.

La selección adecuada de su grupo de minería requerirá hacer algunas preguntas importantes:

- ¿Cuál es el método de recompensa? Querrá saber si las recompensas son proporcionales, PPLNS o basadas en puntuación.
- ¿Cuál es la cuota por minar en el grupo y el cargo de retiro de fondos?
- ¿Con qué frecuencia se descubren los bloques?
- ¿Qué tan fácil es el proceso de retiro?
- ¿Qué tipo de estadísticas proporciona este grupo?
- ¿Qué tan estable es este grupo?

Obtenga un programa de minería informática

Teniendo en cuenta lo básico, puede

comenzar con la minería, pero necesitará un cliente de minería que manejará las operaciones de su plataforma desde su computadora personal. Esto ayudará en el monitoreo efectivo de su plataforma. El software que elija será específico para la plataforma de minería que seleccionó. Muchos de estos equipos de minería tienen su propio software de minería. Tenga cuidado al instalar uno.

Organice un VPS

Tener un VPS hará que todo el proceso de extracción de monedas sea mucho más fácil y más seguro. Un VPS permitirá un mayor grado de privacidad al usar la moneda digital, y las ofertas de calidad como liberty VPS son mejores, seguras y pueden ejecutarse de forma anónima.

Trucos

Elija el GPU correcto

Hay principalmente dos GPU: AMD y NVidia. Elija AMD. Ahora, mientras selecciona AMD, verá los mismos modos que vienen directamente de Sapphire y de otros como XFX Gigabyte MSI. Siempre intente ir por los originales de Sapphire y nunca por MSI.

Drivers

Para las tarjetas de 280-290 elija 15.12 drivers. Para tarjetas nuevas, vaya con el controlador más nuevo y su nueva función llamada RadeonChill.

Sistema

Si bien sé que la mayoría de la gente ama a Linux. Windows es el rey de la minería. Esto se debe a que los mejores mineros se hacen y se actualizan más rápidamente en Windows. Ejecutarlas también es muy fácil, principalmente hacer clic y jugar. Actualmente, Claymore es el mejor de los mineros, y no había ninguna versión de ZEC Linux de esto. Elija Windows.

Hacer la plataforma de al menos 5 GPUS

¿Gastó dinero en partes, y ahora quiere minar con 3-4 tarjetas? No tiene ningún

sentido. Agrega al menos una o dos cartas.
Windows 7 verá solo 4 tarjetas. Aquí hay un controlador que le permite tener tantas tarjetas como desee para el sistema.
DESCARGAR
Windows 10 ve todas las tarjetas de inmediato, pero utiliza un poco más de recursos, por lo que es mejor ejecutar Windows 7.

Use USB Risers

Los risers son cosas que conectan su computadora con la GPU. Actualmente, la tecnología siguió adelante, y es mejor usar USB. Son más eficientes y estables.

Enfríe las GPU viejas

Este truco es brillante. ¡Si se usa correctamente mantendrá sus tarjetas con vida para siempre!
Una vez al año, desatornille los cuatro tornillos de la GPU, limpie este rectángulo de pasta vieja y póngale una pasta térmica nueva.
Arriba puedes ver mi AMD 280x y la vieja pasta en él.

Editar la memoria virtual

Windows tenía una memoria virtual extraña, y mientras ejecuta pocas tarjetas en su plataforma, tiene que editarla a 16 GB.

Simplemente vaya a: Propiedades del equipo -> Configuración avanzada del sistema -> Rendimiento -> Avanzado -> Memoria virtual

Capítulo 3: Las 6 monedas principales en las que puedes invertir, además de Bitcoin

Invertir en criptomonedas es una carrera de armamentos que premia a los adoptantes rápidos. Bitcoin no solo ha sido un creador de tendencias, marcando el comienzo de la ola de criptomoneda que se basa en una red descentralizada de igual a igual, se ha convertido en un estándar de facto en la industria de la criptomoneda. Otras monedas que están inspiradas en Bitcoin se conocen colectivamente como Altcoins y realmente han intentado presentarse como una versión mejorada o modificada de Bitcoin. A pesar de que la mayoría de estas monedas son simples y más fáciles de invertir en comparación con Bitcoin, hay varias concesiones, como un mayor riesgo provocado por una menor retención, valor y aceptación. En este libro nos centraremos principalmente en seis altcoins principales, seleccionados de más de 700, aunque no en ningún orden específico.

Ethereum (ETH)

Fue lanzado en 2015 y es una plataforma de software descentralizada que permite que las aplicaciones distribuidas (ÐApps) y los contratos inteligentes se puedan construir y ejecutar sin interferencias, fraudes, tiempo de inactividad o control de un tercero. En 2014, Ethereum lanzó una pre-venta de Ether que recibió una respuesta abrumadora. Ether, un token criptográfico específico de la plataforma, es la aplicación en la que se ejecuta Ethereum.Por lo tanto, podemos decir que el Ether es como un vehículo que se mueve en la plataforma Ethereum, que es buscado por diferentes desarrolladores que buscan ejecutar y desarrollar aplicaciones dentro de Ethereum. De hecho, según Ethereum, también puede usarse para "descentralizar, codificar, comercializar y asegurar cualquier cosa". Debido al ataque en 2006 a la DAO, Ethereum se dividió en EthereumClassic

(ETC) y Ethereum (ETH). La capitalización de mercado de Ethereum (ETH) es de $ 4.4 mil millones, que es la segunda después de Bitcoin entre otras criptomonedas.

El proyecto más grande que Ethereum (ETH) ha visto últimamente es la asociación entre Microsoft y ConsenSys que ofrece EBaaS (cadena de bloques de Ethereum como servicio) en Microsoft Azure en el sentido de que los desarrolladores y clientes de Enterprise pueden tener en un solo clic un entorno de desarrollador de cadena de bloques basado en la nube. En 2017, ETH dio un paso muy importante cuando estableció la Enterprise Ethereum Alliance, que se centró en promover y construir los mejores estándares y prácticas para facilitar la adopción del procedimiento Ethereum para la empresa. Algunas de las mejores marcas de seguros, consultoría, tecnología y banca forman parte de Enterprise Ethereum.

Litecoin (LTC)

Lanzado en 2011, Litecoin fue una de las primeras criptomonedas que siguieron a Bitcoin y la mayoría de las personas lo denominaron "plata al oro de Bitcoins". Charlie Lee, ex ingeniero de Google y graduado del MIT, lo creó. Litecoin se basa principalmente en una red de pago mundial de código abierto que no está controlada por ninguna autoridad y utiliza "scrypt" como una prueba de trabajo que se puede registrar con la asistencia de un CPU de nivel usuario. Por lo tanto, convirtiéndolo en un código abierto bien descentralizado. Como se puede ver, Litecoin se construyó con el objetivo de mejorar las deficiencias de Bitcoin y con los años se ha ganado el apoyo de la industria junto con un alto volumen de liquidez y comercio. Tiene una tasa de generación de bloque más rápida, lo que ofrece una confirmación de transacción más rápida. Aparte de los desarrolladores, hay un gran número de comerciantes que lo aceptan.

Litecoin se creó para poder producir más

monedas, aproximadamente cuatro veces más que Bitcoin, y a un ritmo más rápido, aproximadamente la cuarta parte del tiempo de Bitcoin. En general, Litecoin se ha considerado como el segundo a Bitcoins en términos de valor, aunque los Litecoins son más fáciles de usar, de obtener y de hacer transacciones.

Zcash (ZEC)

Zcash es una criptomoneda descentralizada y de código abierto, que se lanzó en la última parte de 2016, y parece muy prometedora. Por ejemplo, si HTTP en Bitcoin es por dinero, https es Zcash: así es como Zcash se define a sí mismo. Ofrece transparencia selectiva y privacidad de las transacciones. Al igual que en https, Zcash ha afirmado que brindan privacidad o seguridad adicional donde cada transacción se publica y registra en la cadena de bloques, pero otros detalles como la cantidad, el destinatario y el remitente permanecen privados. A los usuarios de Zcash se les ofrece una opción de "transacciones protegidas" que permiten que todo el contenido se cifre mediante el uso del método criptográfico avanzado o zk-SNARK, una contracción a prueba de conocimiento cero desarrollada por el equipo de Zcash.

En otras palabras, Zcash es una nueva criptomoneda y una cadena de bloques que permite transacciones privadas o información generalmente privada en una cadena de bloques pública. Permite que las nuevas aplicaciones, los consumidores y las empresas controlen quién debería ver los detalles de las transacciones de una, incluso cuando están usando una cadena de bloques global sin permiso.

Monero (XMR)

Se dice que esta es una moneda privada, segura y que no se puede rastrear. Monero es una criptomoneda de código abierto, que se lanzó en 2014 y despertó un interés impresionante entre los entusiastas y la comunidad de la criptografía. El desarrollo de la criptomonedaMonero es totalmente impulsado por la comunidad y basado en donaciones. Esta criptomoneda se lanzó con un fuerte énfasis en la escalabilidad y la descentralización, y permite una total privacidad mediante el uso de una técnica especial conocida como "firmas de anillo". Disponibilidad de esta técnica, parece un grupo de firmas criptográficas que incluye al menos una participante real, sin embargo, dado que todos ellos parecen ser válidos, el verdadero no puede ser aislado.

Las personas que realizan transacciones en Monero pueden cambiarlo de nuevo a dólares o a Bitcoin a través de varios intercambios de criptomonedas en línea. Si se considera que el uso de Monero es una actividad cuestionable o ilegal, su uso generalizado puede verse afectado.

Ripple (XRP)

Esta es una red de liquidación global en tiempo real que ofrece pagos internacionales instantáneos y de bajo costo. Ripple (XRP) "permite a los bancos comerciales liquidar sus pagos transfronterizos más rápido y en tiempo real, a costos más bajos y con transparencia de extremo a extremo". La moneda de Ripple se lanzó en 2012 y tiene una capitalización de mercado de $ 1,260 millones. El libro de consenso de Ripple, su método de conformación, no necesita minería, lo que reduce la latencia de la red y minimiza el uso de la potencia de cálculo. Ripple cree principalmente que "el valor de distribución es un método poderoso para incentivar comportamientos específicos". Por lo tanto, actualmente planea distribuir XRP principalmente "a través de acuerdos de desarrollo empresarial, incentivos a los proveedores de liquidez que proponen diferenciales de pagos más ajustados, así como a la venta de XRP a compradores institucionales interesados en invertir en XRP".

Dash

Dash fue conocido inicialmente como Darkcoin, es la versión más secreta de

Bitcoin. Ofrece más anonimato, ya que funciona en una red descentralizada, lo que hace que sus transacciones sean casi imposibles de rastrear. Dash se lanzó en enero de 2014, experimentó un aumento de seguidores en un corto período de tiempo. EvanDuffield fue el que creó esta criptomoneda, y se puede extraer utilizando una GPU o CPU. Alrededor de marzo de 2015, Dash fue rebautizado de Darkcoin, que significa Digital Cash y funciona bajo el ticker - DASH. Incluso después del cambio de marca, no cambiaron ninguna de sus características tecnológicas como InstantX, Darksend, etc.

Capítulo 4: Plan de comercio de cifrado y creación de una cartera diversificada

Con el creciente número de inversores en el campo de la criptomoneda, es necesario tener conocimiento y contenido al respecto. Saber cómo planear un comercio y tener una cartera criptográfica diversificada le da a un operador una mayor ventaja para empujar en el mercado. Este capítulo le enseñará la razón por la que debe tener una buena cartera de monedas, un plan de comercio y la disciplina que debe seguir para este último.

Plan de comercio cifrado

Un plan de comercio es una hoja de ruta que tiene un conjunto de directrices que definen claramente los objetivos a alcanzar y describen varias formas de lograrlo. Ayuda a uno a centrarse en ejecutar las estrategias. Hay dos tipos generales de comerciantes en criptomoneda, los discrecionales y los de sistema. Los comerciantes discrecionales son aquellos que supervisan el mercado y realizan transacciones manuales de acuerdo con la información disponible, mientras que los del sistema utilizan un nivel de automatización del comercio para implementar las reglas.

Mercado de valores

Cuando planee comerciar en criptomoneda, tenga en consideración en los mercados de valores con los que va a negociar. Entre los mercados comerciales se encuentran los bonos, las materias primas, los fondos de intercambio, la divisa, el futuro, las opciones y el popular contrato de futuros e-mini. La elección del instrumento de uso debe ser de buena liquidez y validez para maximizar las posibilidades de obtener ganancias.

La liquidez es la facilidad para vender y comprar acciones. Los mercados que se negociarán con ofertas ajustadas y con suficiente profundidad de mercado para cumplir con los pedidos lo antes posible tienen buena liquidez. Asegura que los pedidos se realizarán con un mínimo derrame y sin afectar los precios.

Por otro lado, la validez mide la velocidad a la que los precios suben y bajan en un mercado en particular, cuando un producto comercial se vuelve volátil, los comerciantes tienen la oportunidad de beneficiarse de los cambios en los precios debido a que la variación fue un aumento o una caída.

Intervalo gráfico para utilizar en la toma de decisiones comerciales

Los intervalos de gráficos están asociados con un estilo de negociación que se basa en volúmenes o actividades. Los traders a largo plazo prefieren gráficos de períodos más largos en sus operaciones y los traders a corto plazo usan gráficos de trading a corto plazo. Un intervalo de gráfico corto puede durar 60 minutos, mientras que un gráfico a largo plazo puede durar más que eso. Por ejemplo, un revendedor puede preferir un gráfico de 144 tics a un operador de swing, que usaría el gráfico de 60 minutos.

Un plan comercial definido debe mostrar los indicadores que se aplican al gráfico, aunque los indicadores por sí solos proporcionan señales para comprar y vender. Un comerciante debe interpretar las señales para encontrar puntos de entrada y salida que sean adecuados para su estilo de negociación.

Posición de cambio

Una posición de cambio es el valor en dólares de una criptomoneda con la que se está negociando. El tamaño de la cuenta del comerciante y la tolerancia al riesgo deben tenerse en cuenta para determinar

40

el tamaño adecuado. Una posición de cambio es el tamaño de una posición con un portafolio en particular. Un comerciante puede decidir comenzar con un contrato futuro. Después de que el sistema tenga éxito, el comerciante puede decidir invertir en otros contratos. El comercio en más de un contrato aumenta las posibilidades de altos márgenes de beneficio, ya que minimiza las posibilidades de pérdidas. Independientemente del tamaño de posicionamiento de los inversores, todas las reglas se establecen en el plan de comercio cifrado.

Entrada en el comercio con filtros y gatillos

Las personas entran en el comercio de maneras diferentes.El método coherente al hacer una entrada es haber establecido reglas de negociación. Algunos comerciantes se tomarán su tiempo, monitorearán desde la línea de banda todavía esperando para hacer una entrada e invertir. Esto la mayoría del tiempo los deja al borde de perder grandes oportunidades comerciales. Son comerciantes conservadores, mientras que los comerciantes agresivos pueden aprovechar cualquier oportunidad disponible para invertir. Las reglas comerciales se adaptan a estos dos caracteres y pueden beneficiarse al utilizar activadores y filtros comerciales. Los filtros comerciales incluyen una variedad de factores que van desde la hora del día hasta la ubicación del precio. Por ejemplo, una barra de precios en un chat puede cerrarse en un conjunto de tiempo cuando se usa un promedio móvil, esto activa la apertura de otra entrada con una orden de detención establecida por encima de la barra anterior.

Reglas de salida

Una entrada en la criptomoneda en cualquier nivel puede generar ganancias cuando decide salir en el momento oportuno. Los puntos de salida son críticos porque definen el éxito del comercio.

Algunos de los resultados comerciales al salir incluyen: niveles de ganancias, estrategias para detener y revertir y salidas de tiempo como el final del día.

Construyendo un portafolio diversificado de criptomonedas

Una buena estructura de una cartera de criptomonedas le brinda una exposición a largo plazo a un grupo diversificado de monedas. También juega un juego de mayor riesgo-recompensa en la mediana y en el corto plazo. Las personas que están obteniendo muchos beneficios en la criptomoneda, por ejemplo, Bitcoin, no solo están comprando las monedas, sino que están aprovechando el Bitcoin con altcoins como Ether, Monero y Litecoins para ganar más dinero. Los principales marcos que uno puede usar son:

1) Función: ver si los productos son defendibles y tienen un nicho funcional.

2) Tamaño de la comunidad / adopción: verifique la frecuencia con la que los

inversores usan la moneda.

3) Tecnología: necesita saber si la tecnología de marco resuelve problemas con métodos novedosos.

4) Incentivos alineadosy gobierno: los inversores deben estar sistemáticamente alineados con los incentivos.

5) Oportunidad de mercado: se debe entender el tamaño y la capitalización de mercado.

Activos principales

Estas son las principales monedas, cada inversor en criptomoneda debe comenzar con un Bitcoiny un Ether. Los bitcoins son los más comercializados de todas las monedas en el mercado. Han demostrado ser la moneda que almacena el valor y tienen una ventaja de cambio rápido en comparación con altcoins. Ethereum ofrece espacio para mayores innovaciones que se producirán en los próximos diez años a través de la tecnología de cadena de bloques. Tiene una mayor probabilidad de almacenar valor. Ether muestra un gran potencial para el futuro como una criptomoneda y ambas como una cadena de bloques. Un Bitcoin en su mayoría continúa creciendo como se anticipó antes de que se bifurque. La moneda gana volatilidad altamente.

Plataforma de criptomoneda

Este conjunto de monedas resuelve problemas a través de la tecnología cadena de bloques.

Una moneda Ripple, por ejemplo, funciona en el mercado de remesas de pagos internacionales, mientras que NEO proporcionará una plataforma para extender los contratos. UnRipple es una habilitación de cadenas de bloques para la transferencia de dinero. Su volatilidad para el crecimiento puede llegar hasta 10 veces. Un Ripple proporciona un sistema competidor habilitado por una cadena de bloques para enviar rápidamente los pagos.

Una litecoin es un tipo de búfer para un

bitcoin y pueden crecer juntos. Un litecoin tiene la oportunidad de hasta un 7% de volatilidad. Esta moneda tiene el potencial de subir después de un largo bitcoin ha disparado. Esta tecnología es barata de adquirir, por lo tanto, la gente la considera como una alternativa cuando quieren diversificar monedas en la cuarta o quinta petición de monedas.

Monedas de menor valor

Moneroes similar a un bitcoin ya que permite el intercambio de valor. Se diferencian en el aspecto de que una moneda monero proporciona mayor privacidad a aquellos que utilizan sus cadenas de bloques utilizando el mecanismo de dirección de puntada.

Zcash es una criptomoneda descentralizada y de código abierto lanzada a fines de 2016. Ofrece privacidad y transparencia en el comercio. Ofrece a sus usuarios la opción de proteger la transacción que permite el cifrado de contenido.

La siguiente figura muestra la capitalización de mercado (valor del token) para las monedas principales en el comercio.

¿Cómo construir un portafolio de criptomonedas?

- **Paso 1: abra una cuenta de criptomoneda**

   Abrir una cuenta para intercambiarcriptomonedas es el primer paso para poder adquirirla. Elija un nombre para su cartera y luego elija la moneda con la que desea negociar. Si desea intercambiar bitcoins, puede comprar las monedas con su dinero fiduciario. Para ello, debe asegurarse de que la plataforma de intercambio que elija acepte depósitos fiduciarios, como dólares y euros. Los altcoins existen en plataformas de intercambio criptográfico específicas. Los ejemplos de intercambio de criptografía recomendados incluyen FX open y FX choice. También puede comprar monedas de corredores que comercian con bitcoins y altcoins. Los mejores corredores incluyen coinbase y poloniex entre otros.

- **Paso 2: seleccionar criptomonedas para invertir en el largo plazo**
  Hay muchas criptomonedas disponibles en las plataformas de intercambio en todo el mundo que van desde bitcoins, ethereum, ripple y litecoins, entre otros altcoins. Para obtener la moneda correcta, debe observar la

capitalización de mercado, la variación del precio, los volúmenes, los suministros circulantes y los cambios que se han producido en los gráficos de una moneda en particular. A través de esta evaluación, usted puede saber las ventajas de invertir a largo plazo. Es aconsejable tener en cuenta que existen grandes capitales (estas son las cinco mejores monedas), medias y pequeñas que son más pequeñas que 200 millones de dólares. Invertir en capitalización grande y media puede dar buenos resultados.

- **Paso 3: conocer el precio de su criptomoneda favorita**
Para que un comerciante prospere en el comercio de criptomonedas debe saber el precio al que se cotiza la criptomoneda. Esto maximiza las posibilidades de obtener ganancias y dominar el mercado. Un comerciante siempre debe aplicar el principio de compra baja y venta alta si quiere ganar en el comercio.

- **Paso 4: obtenga una billetera de criptomoneda**

  Todos los bitcoins y altcoins deben almacenarse en una billetera de criptomonedas, una cuenta bancaria para las monedas. Cada moneda de criptomoneda tiene su propia billetera. Por ejemplo, un bitcoin se almacena en una billetera de bitcoin, un ethereum se almacena en una billetera de ethereum. Estas billeteras se comunican a nodos de monedas específicas. Las cadenas de bloques responden cuando quieres realizar transacciones. La criptomoneda se puede almacenar en línea o fuera de línea.

¿Cómo construir un portafolio de criptomoneda con US$ 500?

Existen muchas criptomonedas en el mercado, lo que dificulta predecir cuál subirá en precio y cuál se estancará. En primer lugar, busque monedas que tengan un valor en la vida real y un fuerte potencial de desarrollo. Invertir en

monedas que no estén pre-minadas.
Cuando tiene 500 dólares y espera
construir una cartera de criptomonedas,
las siguientes son las monedas que mejor
utilizarán esta cantidad para obtener el
beneficio deseado.

- **Ethereum:**es la madre de toda moneda
y la más importante para invertir. Tiene
una tasa de crecimiento de más del
3500% y se mantiene firmemente en la
segunda posición en el mercado. Sirve
como la base de la aplicación de
descentralización del ecosistema. En
2016-2017, el valor del Ether aumentó
de 6 dólares a 1000 dólares. Esto hace
evidente que una gran inversión en
Ether aumentará las ganancias si se
almacena durante mucho tiempo. Por
lo tanto, recomiendo que 150 dólares
de la cartera de inversiones estén en
Ethereum. Ether toma muchas más
acciones que un bitcoin debido a su
capacidad para obtener más márgenes
de ganancia.

- **Bitcoin:**las monedas digitales están

ganando aceptación lentamente como forma de pago en el mundo, siendo Bitcoin la mejor moneda en el comercio. Con la diversificación de la educación y el aumento del conocimiento en tecnología de cadena de bloques, se recomienda una gran inversión en un bitcoin en su cartera. Hace un año, un bitcoin se vendía por 650 dólares; en la actualidad, se negociaba en alrededor de 16000. Por lo tanto, 150 dólares de la cartera deben serBitcoin.

- **Monero:**la mayoría de los comerciantes en criptomoneda están cambiando a la privatización en el mercado. Es una criptomoneda impulsada por la comunidad y basada en donaciones que está en vigor desde abril de 2014. Se centra en la descentralización y la escalabilidad mediante el uso de firmas de anillo. Es la moneda líder en la privatización. 100 dólares de la moneda de la cartera de criptomonedas deberían comprar esta moneda.

- **Litecoin:**Tiene potencial para liderar en el descubrimiento de soluciones para el desarrollo futuro del mercado. En mayo de 2017, Litecoin se convirtió en la primera criptomoneda entre las cinco principales (por capitalización de mercado) para adoptar testigos segregados. La red procesa un bloque cada 2,5 minutos para permitir depósitos más rápidos. Recomendaría 100 dólares de la inversión en criptomoneda para comprar Litecoins.
  - Bitcoin – 150 dólares
  - Ether – 150 dólares
  - Litecoin – 100 dólares
  - Monera – 100 dólares

Es posible obtener un gran margen de ganancia cuando uno ingresa en la operación de criptomoneda con 5000 dólares.

Capítulo 5: Bases para ComerciarCriptomoneda

Tener una buena base en el mundo de la criptomoneda es una ventaja, ya que uno sabrá qué movimientos conducirán a la pérdida o generación de ganancias. Un comerciante necesita tener un vasto conocimiento sobre las diversas plataformas de intercambio, los magnates en el campo y aprender de sus experiencias. A través de esto, puede evitar las trampas y encontrar la mejor manera de comerciar.

Los diferentes tipos de comerciantes

Hay diferentes tipos de inversores en criptomoneda, uno de ellos tiene las monedas con la esperanza de venderlas cuando valgan millones. Otros gastan sus monedas para sus necesidades diarias, mientras que otros intercambian monedas en busca de dinero rápido.

El comerciante titular

Este entusiasta invierte en bitcoins y altcoins para propósitos a largo plazo. No importa cuán volátil sea el mercado, estos comerciantes no pueden vender sus monedas. No les importa una caída en el precio hasta que ocurra algo extraordinario en la capitalización de mercado. La ventaja de este operador es que pueden generar mucho dinero cuando salen del mercado. También se arriesgan a perder mucho.

El comerciante derrochador

Estos comerciantes creen que las monedas de criptomoneda son para difundir y gastar. Ellos creen en gastar los activos digitales con comerciantes, negocios y dar las monedas a los recién llegados ayuda a la economía. Hay compañías que pagan a sus empleados y otras facturas usando los bitcoins.

Los nuevos

Muchas personas se están aventurando en el mundo de la criptomoneda, algunos de ellos no saben lo que están haciendo. Estos comerciantes tienen muchas preguntas mientras buscan obtener contenido para poder comerciar. Algunos pierden sus activos antes de saber cómo funciona el mercado. Cuando consiguen ayuda se reducen los casos de estafa y fraude.

El maximista

Esta persona cree que el bitcoin es la única criptomoneda que importa. Creen que los altcoins no tienen valor real. La mayoría de estos comerciantes no pueden considerar ninguna discusión sobre los altcoins.

Los tres mejores comerciantes criptográficos

Muchos tipos de comerciantes se aventuraron en la criptomoneda en los últimos años. Esto se debe al potencial de ganar mucho dinero. Los siguientes son los principales operadores de bitcoins sin tener en cuenta la clasificación actual en la capitalización de mercado.

- **Whale Panda**
  Whale Panda ha realizado una minuciosa investigación sobre la criptomoneda. Realiza un seguimiento de proyectos paralelos e innovaciones de nichos antes de que lleguen a los radares principales, ofrece información y consejos sobre la plataforma con ingenio y humor. Whale Panda comercia con bitcoins y varios altcoins. Tiene una plataforma en Twitter que muestra cómo él es influyente en el comercio de criptomonedas como otras personas interesadas.

- **Cryptoyoda**
  Cryptoyoda es un inversor en criptomoneda y un analista técnico apasionado por su trabajo. Actualmente tiene más de 50,000 seguidores y por una buena razón.

Publica materiales sobre el mundo de la criptomoneda y la información más reciente del mismo.

- **El asesor de moneda digital**
Él es un ex gerente de fondos de cobertura de Wall St., veterano en el comercio. Es un comerciante profesional en ventas minoristas e instituciones de asesoramiento de comercio con Altcoins. Su pasión radica en aventurarse en la tecnología de cadena de bloques. En la categoría superior en el comercio de macros, el comercio de swing, encontrar criptomonedas infravaloradas y predecir movimientos de precios.

Psicología comercial
Para ser un comerciante exitoso y obtener más ganancias que pérdidas en el comercio de criptomonedas, se requieren diversas habilidades y características que son exclusivas del comercio. Uno debe ser consciente de los fundamentos de la empresa comercial y ser capaz de

identificar las tendencias que marcan los rasgos clave necesarios.

A veces, las acciones de un comerciante fluctúan en avisos cortos. Por esta razón, tiene que tomar decisiones para mantener el comercio. Él también necesita ser disciplinado para que se adhieran a su plan de negocios. Un operador enfocado aprenderá a dominar las trampas comerciales para evitar pérdidas. Un comerciante necesita superar lo siguiente:

- **Codicia**
  Cuando un comerciante se vuelve codicioso, siempre querrá más de lo que está obteniendo. Rara vez se da cuenta del riesgo que le espera con todo el valor que ha agregado y el beneficio que ha generado; Los comerciantes codiciosos no saben cuándo parar. Esta es su caída porque terminan perdiendo todo lo que han ganado como activos, rendimientos y ganancias. Es difícil superar la codicia, ya que todos los comerciantes quieren comerciar en grande y mejorar el

negocio. Por ejemplo, si un valor de bitcoin cuando compró valía $ 10, entonces el comerciante puede venderlo cuando esté a $ 15. Un comerciante debe asegurarse de que su mentalidad sea clara y mantener un nivel de decisión comercial racional como en su plan de negocios.

- **Miedo**

El miedo es una reacción natural a una amenaza en los negocios. Comprender el miedo debe ser la ventaja de cualquier comerciante en criptomoneda. Es común que el miedo te invada si hay señales de reducción de acciones, cuando tus monedas han disminuido en valor de acuerdo con el mercado, un comerciante que entiende la implicación del miedo no permitirá que la situación lo obligue a liquidar los activos y entre en shock porque no pudieron arriesgarse. Cuando no te arriesgues, te perderás las ganancias. Tener planes alternativos al hacer un plan de negocios ahorra el estrés a muchos comerciantes. Por ejemplo, uno puede comprar muchos altcoins para el almacenamiento.

Cuando el miedo y la codicia se apoderan de un comerciante, corre el riesgo de perder en cualquier momento. Los comerciantes deben crear sus reglas comerciales antes del inicio de los negocios. Esto ayuda a mantener su cabeza en el lugar correcto. Establecer límites al tiempo que se establecen pautas basadas en la relación de recompensa de riesgo para cuándo saldrán de un comercio.

Los comerciantes en criptomoneda también deben considerar establecer límites en la cantidad que ganan o pierden en un día. Si obtienen una ganancia de $x, terminan el día, si pierden $y ese es el cierre de la actividad. Esta es una buena estrategia porque le ahorra a uno el riesgo de perder más.

Después de un período de intercambio, un comerciante debe revisar periódicamente su desempeño, incluidas las pérdidas y ganancias, las posiciones individuales, el progreso del negocio en términos de conocimiento adquirido, entre otras cosas. Siempre es una oportunidad para volver sobre dónde se cometieron los errores y para cubrir las lagunas. Les ayuda a mantener la psicología correcta para dirigir el comercio y prosperar en el mercado.

Mejor plataforma criptográfica para intercambio

- **Binance**
  Binance existe desde 2017 y ha ganado popularidad desde entonces. Se ha convertido en la primera plataforma de intercambio para listar nuevos altcoins, lo cual ocurre antes que en cualquier otra plataforma en la industria. Cuando uno está tratando con Binance, tiene la oportunidad de interactuar con dos interfaces de usuario diferentes. Sin embargo, una vez que obtiene la caída

de estas interfaces, la configuración avanzada tiene muchos grandes beneficios. Le permite realizar análisis técnicos históricos y proyectivos sobre determinadas monedas criptográficas a su gusto. Los usuarios nuevos que no hayan pasado el primer nivel tienen un límite de retiro. Sin embargo, si logran la verificación de nivel 2, se les permitirá retirar hasta 100 bitcoins cada día. Vale la pena verificar si está haciendo operaciones masivas.

- **KuCoin**
Es una empresa de intercambio comercial con sede en Corea del Sur. Tiene uno de los UIs más fáciles de usar. KuCoin confirma sus depósitos de criptografía en un corto período de tiempo, lo que le da a los operadores tiempo para comerciar de inmediato. Un tokenKuCoin Shares (KCS) ERC-20 es un aspecto patentado del intercambio comercial que ofrece a los usuarios un gran descuento en las tarifas de la plataforma para realizar transacciones

en acciones KuCoin en lugar de, Bitcoin o Ether. El token de KCS devuelve el 90 por ciento de la tarifa de intercambio al usuario. Los usuarios obtienen dividendos del Ethter solo por mantener KCS. Tiene un fuerte soporte al cliente que aprovechan.

- **GDAX**
Es uno de los centros de intercambio de divisas más populares de Estados Unidos. Proporciona menos pares comerciales que otros intercambios populares. Da la oportunidad de comerciar entre Bitcoin, Ethereum, Litecoin y monedas como el USD y el Euro. Capitaliza las existencias, ya que puede obtener cualquier cantidad que necesite. Recientemente lanzó su soporte para bitcoin cash. Cuando se utiliza el intercambio de coinbase, se pueden usar tarjetas de crédito o vincular una cuenta bancaria si están comprando en grandes cantidades. Tiene ventaja sobre otras plataformas porque es más seguro.

- **Gemini**

Es un intercambio de criptomonedas basado en los Estados Unidos que solo permite a los inversionistas comerciar en la interfaz si son miembros de ella misma. Fue fundada por Tech Venture Capital Twins en 2015. Para convertirse en miembro, envíe una dirección de correo electrónico. Responden enviando un token de registro que un comprador debe canjear en el sitio de Gemini. Después de la configuración, el proceso de intercambio comienza. Tiene un amplio acceso porque no tiene tasas de depósito y retiro. Uno solo paga una tasa de negociación de 0.25%.

- **Bittrex**

Es un tipo de intercambio comercial que tiene más de 300 pares de operaciones con sede en los Estados Unidos. Sus pares de operaciones más populares son BTC y ETH. Actualmente, Bittrex no ofrece pares fiat-crypto; por ejemplo, con dólares estadounidenses, euros o libras esterlinas.

- **Lista de mercados de plataformas de intercambio comercial**

Los siete mejores hábitos de un comerciante exitoso

1) **Tome riesgos**

En su nivel más fundamental, el comercio de criptomonedas es un riesgo. No hay garantía de posible victoria. Los buenos comerciantes entienden y aceptan una cierta cantidad de riesgo al hacer tratos. Comprender el riesgo puede evitarle un tormento emocional en tiempos difíciles. Hace que sea fácil ver una pérdida en el fracaso.

2) Sea un gran investigador

Las personas pierden enormes activos en el comercio de criptomonedas por ser nuevos en el mercado. El mercado puede ser impredecible cuando uno ingresa sin conocimiento de las plataformas de intercambio, la tecnología disponible y las mejores monedas para invertir, entre otros factores. La investigación exhaustiva es obligatoria para que uno sea un comerciante exitoso en este campo. Mantenga revistas de comercio, analice tanto el trabajo publicado como el no publicado para enriquecerse sobre el comercio antes de hacer una inversión.

3) Sea disciplinado y mantenga copias de seguridad de todo lo que hace

Ser disciplinado en términos de seguir sus planes comerciales y estrategias de inversión lo convierte en un mejor operador en criptomoneda. La disciplina le brinda el auto-manejo para saber cómo utilizar los activos de manera que no se quede sin existencias. Mantenga registros de las monedas vendidas, las acciones intercambiadas y las acciones compradas. Use capturas de pantalla para ilustrar cómo se veía el comercio antes de realizar sus pedidos. Los comerciantes exitosos utilizarán sus registros para analizar su desempeño.

4) Tener una pasión por el mercado de valores

Si no te gusta el comercio de criptomonedas, entonces te rendirás en el camino antes de tener éxito. La mayoría de los comerciantes exitosos son alimentados por su pasión por seguir adelante incluso cuando los riesgos son mayores y se sienten desanimados.

5) Sea paciente

La paciencia es una virtud que está presente en unos pocos seres humanos. Permite a un comerciante saber el mejor momento para salir de un mercado o hacer una entrada en el mismo. Si se va demasiado pronto, no maximizará su margen de beneficio. Un buen comerciante ejercita la paciencia en todo el proceso de intercambio.

6) **Adhiérase a una rutina**

El comercio de criptomonedas es una actividad impulsada por procesos, por lo que, para obtener grandes márgenes de ganancia, debe ejecutar impecablemente su ventaja comercial en el mercado. Dedique un tiempo a controlar cómo cambia el mercado de valores y ser coherente en los procesos; de esta manera, se dará cuenta de cualquier cambio en la brecha del mercado.

7) **Tenga la habilidad de adaptarse a distintos mercados**

Un buen comerciante tiene la capacidad de reconocer el mercado y saber cuándo está bajo o en su mejor momento. Un buen comercio se beneficia de las condiciones del mercado cuando es agresivo. El comerciante puede optar por almacenar y no negociar su capital esperando que el mercado se estabilice.

Capítulo 6: Cómo predecir el retorno de la inversión y el período de recuperación de las criptomonedas

Invertir en criptomonedas

A principios de abril de 2016, el total del mercado de capitales de criptomoneda se estimaba en alrededor de $ 8 mil millones. Actualmente, es un poco más de $ 12 mil millones. Esto muestra un incremento de más del 50%, sin embargo, esto puede ser engañoso. Se requiere una comprensión del contenido de la cripto-moneda y la experiencia en el campo de la inversión para obtener una exposición óptima en la inversión en tecnología de cadena de bloques. Las tecnologías que impulsan estos trabajos de criptomoneda requieren algo más que transacciones. En el futuro, seremos testigos de mejores soluciones. Para un inversionista prudente, lo vital es determinar la criptomoneda que satisfará la verdadera necesidad y no solo una moda de un período corto.

En el mundo de las inversiones, tenemos

varias reglas generales a seguir. Sin embargo, algunas son más importantes que otras. Una de las cosas clave a considerar es la longevidad, no solo del producto, sino también del productor del producto. ¿Por cuánto tiempo será relevante el servicio? ¿Cuán fácil es para los competidores superar el rendimiento de este criptomoneda? ¿Están los desarrolladores comprometidos?

Por lo tanto, las cuestiones clave que estamos viendo aquí son:
1) Una demanda creciente y actual para ello.
2) No hay evidencia de amenazas inminentes en competencia.
3) Un equipo de desarrolladores comprometidos.
Gracias a esto, existe un riesgo potencial bueno para las recompensas.

Otra cosa importante a tener en cuenta es buscar plataformas y no características. La mayoría de las criptomonedas son trabajos de características. Eso explica por qué solo alrededor de 30 de las criptomonedas son viables hoy. Los otros 720 más son inútiles inversiones a largo plazo. Monedas como Bitcoins y Ethereum tienen un enorme impulso, respaldo y una billetera de múltiples criptomonedas, y son ejemplos de trabajo basado en plataformas. Son fáciles de manejar por las masas y tienen un claro uso en la vida real.

Un análisis estadístico de criptomonedas

Comprender los riesgos involucrados en cualquier inversión es muy vital. Esto se hace analizando las propiedades estadísticas de estas criptomonedas según lo determinado por la capitalización de mercado. Su tipo de cambio es frente al dólar estadounidense. Las devoluciones no son normales; sin embargo, ninguna distribución se ajusta bien a todas las tecnologías de cadena de bloques analizadas. Para la moneda de uso común como Litecoin y Bitcoin, la distribución hiperbólica generalizada proporciona la mejor línea de ajuste. Para la tecnología de cadena de bloques más pequeña, la distribución t generalizada, la distribución gaussiana y la distribución de Laplace dan los mejores ajustes. Los resultados son importantes para fines de gestión de riesgos e inversión.

Bitcoin, como la primera tecnología de cadena de bloques descentralizada, se ha beneficiado enormemente de la industria financiera, académicos y los medios de comunicación. Se ha establecido como el líder de la criptomoneda y no va a desacelerarse pronto. La creciente necesidad de Bitcoin se ha disparado en los últimos meses; por ejemplo, el gobierno federal del Reino Unido está considerando pagar becas de investigación en Bitcoins. Muchas empresas de TI están almacenando Bitcoin para protegerse contra el ransomware, un tipo de programa informático malintencionado que restringe el acceso a determinadas partes o archivos del sistema infectado, y pide un rescate a cambio de quitar esta restricción. El presidente de la junta de gobernadores de la Reserva Federal de los Estados Unidos ha alentado a los banqueros centrales a estudiar las nuevas innovaciones en la industria.

Han surgido muchas criptomonedas. Sin embargo, Bitcoin sigue siendo el más popular con una representación en el mercado de criptomonedas del 81%. Las seis criptomonedas principales, que se han mantenido por más de dos años y que cubren el 90% del mercado, incluyen Bitcoin, Litecoin, Ripple, Monero, Dogecoin y Dash. Los datos utilizados en este análisis estadístico son los índices mundiales históricos de criptomoneda durante un período de más de dos años. La mayoría de las criptomonedas exhiben colas pesadas. Los resultados obtenidos después del análisis indican que ninguna de las distribuciones que se utilizaron ofrece el mejor ajuste conjunto para todas las criptomonedas.

Litecoin y Bitcoin tuvieron la mejor línea de ajuste con una distribución hiperbólica generalizada. Ripple, Dash y Monero tuvieron el mejor ajuste al usar la distribución gaussiana inversa normal. Dogecoin tenía la mejor línea de ajuste utilizando la distribución t. El resultado de estos resultados se encuentra en áreas de gestión de riesgos y también con fines de inversión.

Estrategias de inversión ideales

Ethereum y Bitcoin son criptomonedas altamente disruptivas al observar las ventajas de las tecnologías de cadena de bloques que impulsan la tecnología en numerosas industrias. Para obtener una estrategia de inversión ideal, analizamos el rendimiento histórico y el rendimiento extrapolado de estas criptomonedas. Trabajar con los profesionales de la industria ha ayudado a identificar los factores más impactantes y probables para la futura demanda de criptomoneda. La naturaleza y la volatilidad especulativas de las criptomonedas crean una necesidad de diversificación entre plataformas.

La moneda fiduciaria se crea porque pudo ser controlada y regulada por los gobiernos. Sin embargo, viene con un conjunto de cuestiones. Como una forma de solucionar estos problemas, surgió la criptomoneda alrededor del año 2009. Esta es una tecnología disruptiva apalancada llamada cadena de bloques.

En los últimos tiempos, la popularidad de la criptomoneda ha aumentado. Esto ha llevado a los inversionistas a determinar cómo invertir en este activo. Como una nueva tecnología para invertir en ella, hay muchos factores a considerar para predecir su futuro. Para tomar una decisión informada, es importante verificar las aplicaciones potenciales, las dificultades de la red y otras limitaciones previsibles en el futuro, así como el origen de la tecnología. Nuestro objetivo es predecir el precio de Bitcoin y Ethereum en los próximos cinco años a través de un análisis cualitativo y cuantitativo. A partir de esta predicción, podremos realizar las inversiones adecuadas.

Bitcoin es la criptomoneda más utilizada y conocida en el mundo. Tiene un mercado de capitalización actual de más de $ 10 mil millones (capitalización bursátil de criptomoneda 2016). El objetivo original de crear la moneda de Bitcoin era eliminar instituciones financieras confiables de terceros. Bitcoin logra esto al aumentar la eficiencia, eliminar la posibilidad de fraude y brindar seguridad y validez a una transacción. Los bitcoins funcionan aumentando la eficiencia y reduciendo los costos y el tiempo innecesarios del uso de varias instituciones financieras para equipar las transacciones. Bitcoin es muy adaptable en los mercados que carecen de infraestructura financiera habitual pero tienen acceso a datos móviles y mercados con una moneda alta e inflada que requiere equipo para permitir el intercambio de moneda y la movilización.

Ethereum, por otro lado, tiene la ventaja de la aplicación de contratos inteligentes dentro de su código. La capitalización de mercado total de Ethereum es aproximadamente el 10% de Bitcoin. La apreciación y el valor de depreciación de Ethereum radican en su capacidad para eliminar a las instituciones financieras en el futuro.

Bitcoin y Ethereum se extraen mediante la resolución de problemas computacionales complejos. Ambos tienen dificultades adicionales en la minería a medida que se agregan más bloques a la cadena de bloques.

Usar datos históricos para predecir valores para las criptomonedas es muy difícil, ya que no hay datos suficientes para extrapolar los precios futuros sin lugar a dudas. Al examinar la tendencia del precio de Bitcoin en 5 años, $2250 representa un crecimiento del 301%. Ethereum tiene un valor extrapolado a 5 años de aproximadamente $ 88 que representa un crecimiento del 634%. Esto muestra una tremenda tasa de crecimiento, que es el resultado de la adopción y exageración en la etapa temprana de su ciclo de vida. En un análisis más profundo, esta volatilidad y alto crecimiento de Ethereum y Bitcoin es resultado de especulación y exageración. Esto se indica por la alta correlación entre la búsqueda de Google y los precios de Bitcoins. La correlación de la serie temporal entre la búsqueda de Google y el precio es 0.64 para Bitcoin y un valor más alto para Ethereum de 0.88.

Con el fin de explicar la exageración en el pronóstico de regresión, descontamos el valor del 30% a la importancia de los picos como resultado del aumento de las exageraciones y las búsquedas de Google. Los precios están muy deprimidos cuando la especulación y las exageraciones que cubren cada moneda disminuyen en un factor del 30%. Hubo una tasa de crecimiento de aproximadamente el 300% para Bitcoin y una reducción del 506% para Ethereum en el impacto de la depresión de las búsquedas de Google. A pesar de que la especulación y la exageración de importancia reducida disminuyen esta predicción de Ethereum, la misma ha experimentado un mayor crecimiento, especialmente en el pasado reciente.

Modelo de precio con descuento de especulación (bitcoin en el eje izquierdo, Ethereum en el eje derecho, en USD)

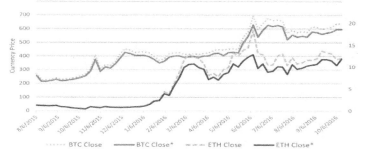

Si bien Ethereum parece una mejor inversión con respecto a este análisis, el resultado pasado no indica el desempeño futuro. Una vez más, observando la alta volatilidad de estas monedas y la ausencia de un historial extenso, no se puede confiar en estas predicciones en la decisión final.

Para tener una predicción sólida, se organizaron charlas y entrevistas con varios profesionales y expertos en criptomoneda, así como con comerciantes entusiastas. Cada individuo fue encuestado en la probabilidad de varias ocurrencias, que afectan la demanda de cada criptomoneda. También se les pidió que calificaran el nivel probable de impacto en la criptomoneda.

Nuevos mercados
Los países con una infraestructura financiera menos desarrollada pero con un alto uso de teléfonos inteligentes son mercados potenciales en los que se pueden aprovechar las criptomonedas. Un buen ejemplo es Kenia, donde la mitad de su PIB es operado por moneda digital. Dichos países pueden aprovechar la criptomoneda en términos de mover dinero dentro y fuera del país. Bitcoin puede ofrecer un gran potencial para los mercados venideros, ya que es una criptomoneda ampliamente adoptada. Hay más de 14 millones de Bitcoins en circulación con el nivel más bajo de volatilidad y el nivel más alto de adopción.

Instituciones financieras

Las instituciones financieras han estado dispuestas a adoptar tecnología de criptomoneda. Este es un movimiento para acceder a mercados sin explotar e impulsar eficiencias operativas. Pero las grandes instituciones financieras han mostrado renuencia a adoptar una moneda específica. A pesar de que es muy probable que las instituciones financieras adopten la tecnología de criptomoneda, es muy poco probable que estas organizaciones tomen en gran medida las monedas de Ethereum o Bitcoin.

Reglamentos y desreglamentación

Las regulaciones permisivas en los países occidentales han beneficiado a Bitcoin. Sin embargo, también lo han restringido. La prohibición de Bitcoins en China afectó enormemente su precio de valor. Esto indica la importancia de la aceptación global de la criptomoneda para aumentar su valor.

Para que las criptomonedas reciban una amplia aceptación mundial, deben existir reglamentos para garantizar transacciones seguras. La desreglamentación causaría un crecimiento significativo del valor de Bitcoins y la facilidad de las transacciones a través de las fronteras. Por otro lado, Ethereum no tendrá mucho valor agregado, pero experimentará una adopción mundial generalizada.

Compromiso de la red principal

En una red tan compleja con el intercambio anónimo de datos, las posibilidades de hackearla como ejemplo de compromiso de red son muy altas. Ethereum ha experimentado hackeos donde ha sido desviada una cantidad significativa de unidades de Ether. Es muy poco probable que ocurra un truco tan importante con Bitcoin debido a su estructura rígida y su relativa falta de utilidad generalizada. Más libertad, más nodos y mayores las posibilidades de piratería, como en la red Ethereum. El riesgo de hackeos es evidente tanto en

Bitcoin como en Ethereum. Sin embargo, esto no es una indicación de fallas en la tecnología de cadena de bloques. La historia ha demostrado que los hackeos afectan el precio de cada criptomoneda.

Evento económico global

La utilidad de Bitcoin es estrictamente como moneda digital. Debido a esto, se espera que tenga una relación inversa con el estado de la economía mundial. Las áreas con moneda altamente inflada o que carecen de infraestructura financiera pueden usar Bitcoin como un medio alternativo de transacción. Ethereum también tiene una relación inversa, pero con una magnitud menor debido a la naturaleza innovadora de su red y una amplia gama de usos. Los valores de Bitcoin actúan como productos básicos, mientras que el de Ethereum se relaciona estrechamente con la adopción generalizada de la red y con los contratos inteligentes.

E-commerce

Tanto Ethereum como Bitcoin muestran el potencial de sus valores para ser impactados positivamente por el comercio electrónico. Sin embargo, Bitcoin tiene una mayor probabilidad de ser utilizado. Los sistemas de pago están hechos de tal manera que tardan mucho tiempo en procesarse. La criptomoneda reduce este tiempo de transacción. Bitcoin ofrece una mejor solución para esto a diferencia de Ethereum, que tiene un mayor potencial de ser hackeada.

Tecnología financiera

Las aplicaciones de criptomoneda para aplicaciones financieras favorecen más al Ethereum, ya que es más flexible para que las instituciones realicen operaciones. Hay una transacción segura, así como un único libro mayor que reduce la necesidad de conciliar a través de cada libro mayor independiente. Las monedas individuales podrían beneficiarse si las compañías financieras aumentan la liquidez en los mercados de baja liquidez, sin embargo, esta es una oportunidad bastante pequeña. Los contratos inteligentes de Ethereum ofrecen una gama más amplia de aplicaciones. A las organizaciones de tecnología financiera les resultaría más fácil adaptarse a Ethereum, ya que pueden llevar a cabo aplicaciones adicionales además de aprovechar los beneficios de Bitcoin como tecnología de cadena de bloques.

Análisis cuantitativo

Se deben hacer varias suposiciones para ayudar a compilar un análisis cuantitativo para ayudar en una predicción de 5 años para cada una de las criptomonedas. Un total de 100 simulaciones (Monte Carlo) se ejecutan para compilar un rendimiento esperado en cada moneda después de 5 años. Bitcoin superó a Ethereum en 58 de 100 simulaciones. Esto se debió en gran parte a la alta varianza de los resultados para Ethereum, gran variedad de probabilidades de factores como resultado de un caso de uso potencial menos enfocado.

Estrategias de inversión

Para considerar los diversos análisis que realizamos, damos una ponderación a cada uno y, posteriormente, utilizamos esto para asignar los fondos de la cartera criptográfica. El resultado del análisis de regresión es muy positivo, aunque en gran medida tenemos que descontar su resultado en la decisión general de la cartera debido a sus limitaciones y solo se le ha dado un peso de 5%. Como resultado de la naturaleza del análisis de Monte Carlo y su capacidad para incorporar una serie de factores que tienen un potencial para desarrollarse en los próximos 5 años, el peso restante se ha asignado al resultado de este análisis. Además, para aumentar la severidad, hemos introducido tres sub-criterios diferentes para el resultado del análisis.La primera es la comparación de cada 100 simulaciones, que se produjeron para determinar qué tecnología de cadena de bloques tenía una mayor expectativa en los retornos. Como este resultado muestra qué moneda tiene una mayor probabilidad de retorno durante el período de 5 años, en esta sección se da un peso del 40%. Para incorporar el elemento de aversión al riesgo en la toma de decisiones de inversión, el elemento de los criterios de inversión recibió un peso del 25%. Y finalmente, se asegura que la cartera generará un resultado esperado saludable para permitir el promedio de todos los rendimientos esperados para producir un rendimiento esperado probable durante la duración de la inversión. Al resultado final de esta evaluación se le otorga un peso del 30%. La siguiente tabla muestra el impacto de cada ponderación que se tuvo en la cartera.

Los resultados indican que Bitcoin tiene un mejor desempeño, sin embargo, Ethereum ha demostrado que garantiza una posición en la cartera. Después de considerar todo, invertir un 69% en Bitcoin y un 31% en Ethereum para maximizar los rendimientos en los próximos cinco años. Luego de esta asignación, podemos tener un valor esperado para esta cartera después de 5 años como:

(1.42 * 0.69) + (1.20 * 0.31) * $ 1 millón = $1, 351,800

En resumen
Con la llegada de la tecnología de cadena de bloques, el pronóstico de un aumento de 5 años en el valor de Ethereum o Bitcoin necesita muchos factores para ser considerados. Al combinar la regresión lineal, la investigación cualitativa a través de entrevistas con expertos de la industria y el análisis de Monte Carlo, podemos llegar a la conclusión de que Ethereum, que tiene un valor esperado más bajo, tiene una mayor variación debido a la fuerte correlación con las exageraciones, las noticias y la especulación. Ethereum, que tiene una gran variedad de resultados, muestra que debe incluirse en la cartera de inversiones para aprovechar este hecho. Por otro lado, Bitcoin puede

aprovechar su base de usuarios existente y es muy probable que experimente un gran crecimiento dentro de 5 años.

Comerciando con Monero

Monero ha experimentado un empuje con la reciente adopción por parte de los mercados darknetOasis y Alphabay. Esto ha dado lugar a una explosión de precios. Monero es la criptomoneda enfocada en el anonimato preferido del mercado. El ascenso de Monero ha sido bastante lento hasta agosto de 2016, cuando comenzó a aumentar. Ha competido sin cesar alimentado por la especulación y la exageración en lugar de la utilidad y la innovación. Los desarrolladores y la comunidad de Monero se enfocaron en actualizar y perfeccionar el código para garantizar un anonimato confiable. Prestaron poca atención a los factores cosméticos. Esto resultó en que Monero permaneciera infravalorado e inadvertido. Protegido por criptomonedas éticamente incuestionables y menos impresionantes técnicamente. En todas las redes sociales, foros y otros lugares donde se bombeaban las monedas, Monero apenas fue mencionado y fue desechado como una moneda aburrida.

A través de los méritos de su código, ganó la confianza de muchas personas. Ha adquirido gradualmente la reputación de competencia y fiabilidad. Monero es distinto de la mayoría de los altcoins ya que no fue clonado a partir de la base de código de Bitcoin. Monero se introdujo como un pueblo de Bytecoin. Las propiedades de anonimato de Monero lo convierten en una excelente opción para el comercio en el mercado darknet y otras aplicaciones sensibles a la privacidad.

La subida y caída de los precios de Monero y un reconocimiento más amplio del mercado se debieron a que afectó a un par de mercados darknet. La aceptación de Monero por mercados tan grandes no fue un gran problema, sino que refleja una confianza creciente entre aquellos cuya libertad se basa en el anonimato. Para alguien que es completamente nuevo en criptomoneda, hay mucho que aprender antes de hacer una gran inversión en Monero. Comience con técnicas criptográficas que sustentan a Bitcoin y estudie las funciones de su cadena de bloques. No se salte la parte de aprendizaje de Bitcoin, a pesar de que su interés principal es Monero. Sin una referencia a Bitcoin, no puede ser capaz de predecir adecuadamente la debilidad y la fuerza relativas de Monero.

Capítulo 7: Análisis fundamental de la criptomoneda y lista de verificación de OIM

Antes de tomar una posición cuando se trata de un análisis para el intercambio de una criptomoneda sobre una base fundamental, considere lo siguiente:

¿Cuán activo es el desarrollo?

Una criptomoneda activa en la que Github puede brindarle información sobre lo que está sucediendo con los proyectos y las características exactas que se están implementando. Conozca los compromisos y fusiones que se han realizado recientemente. Para un compromiso más activo, haga que un token tenga un precio de más de 10 millones de dólares.

¿Cuán activo es el desarrollador principal?

La participación del desarrollador determina el valor de un token. Cuando un desarrollador o una comunidad se involucran con un token, tendrá una mayor probabilidad de volumen y una posibilidad potencial para un intercambio.

Características de una moneda

1) ¿Hay inversionistas que buscan salir cuando el token está operando en un mercado?
2) ¿Cuál es la distribución de la moneda?
3) ¿Cuál es el flotador actual?
4) ¿Es la moneda un clon de Litecoin, Ethereum o Bitcoin? Si es así, ¿tiene alguna característica notable para que el token tenga valor?

Veremos la importancia de realizar un análisis fundamental para las criptomonedas. Además de cómo tener tú propia diligencia antes de que puedas invertir. El mundo de la criptografía puede ser muy intimidante debido al uso del lenguaje informático y el concepto técnico. Con la adición de la ineficiencia de los recursos para ayudarle.

Importancia de realizar su propio análisis

Las criptomonedas no tienen estados financieros, lo que las hace radicalmente diferentes para realizar un análisis fundamental. Esto es porque:

- Las criptomonedas se encuentran en etapas de desarrollo, ya que el espacio que ocupan se encuentra en una etapa infantil. Por lo tanto, esto significa que hay usos limitados en el mundo real, por lo tanto, la falta de registros para mostrar.

- Las criptomonedas representan activos en una red. Su sostenibilidad no se centra en la generación de ingresos, sino que depende de la participación de la comunidad.

Como resultado, se utiliza una metodología diferente cuando se realiza un análisis fundamental en criptografía. Es importante evaluar la capacidad más el potencial de las monedas. Es por esto que se necesita investigar. Esto también es importante debido a la naturaleza compleja y la tecnología subyacente de la criptografía.

Comprender los fundamentos de las monedas garantiza que usted tome decisiones de inversión informadas. Además de mantenerte al tanto de las cosas, tener tu propia opinión y estar en el mundo de la criptografía.

Lista de verificación de OIM

OIM, que significa Oferta Inicial de Monedas (ICO, por sus siglas en inglés), es donde las fichas se crean y se venden al público. Obtendrá un token criptográfico en el software de billetera, donde su valor está determinado por la economía creada por la entidad.

Debe saber dónde obtener información clave a la hora de evaluar una moneda. A continuación hay fuentes donde puede obtener la información:

1) **Condiciones de la moneda**

   El equipo de desarrollo debe proporcionar una propuesta detallada que describa la mecánica y el propósito de la moneda. Esta es la principal fuente de evaluación de los fundamentos de una moneda. Asegúrese de leer el libro blanco de la moneda antes de invertir. La desventaja es que puede ser técnico debido al lenguaje y los conceptos utilizados.

2) **El canal o blog de Slack de Coin**

Esta es la principal vía de comunicación para el equipo central de desarrollo. Al unirte a su canal, puedes ver sus interacciones con la comunidad. Hacer preguntas le permitirá obtener más información sobre la moneda. También puedes seguir sus actualizaciones en los blogs oficiales.

3) **Foros comunitarios**

Los foros te dan la oportunidad de comprender las monedas y los sentimientos detrás de ellas. Puede ser capaz de comprender la mecánica de una moneda, a través de la diversidad de ideas que ofrecerá el foro de la comunidad. Como está bien informado.

Aquí hay una lista de verificación para ayudarlo a encontrar un buen OIM para invertir:

- El plan de negocios después del OIM, esto se debe a que muchos OIM no tienen esto.
- ¿Tienen un buen y experimentado desarrollador y un equipo de marketing?
- ¿Qué están ofreciendo? Asegúrese de prestar atención al concepto de OIM incluso si no entiende.
- Consulte su sitio web, acceda a su modelo de negocio, lea su documento técnico, ya que los desarrolladores experimentados son transparentes
- Saber de cuántos puntos de venta son parte.
- El apoyo de la comunidad.
- ¿Tienen un miembro de OIM en LinkedIn ya que esto ayuda a un usuario a ver la experiencia de un individuo?
- La empresa debe tener una hoja de ruta y su plan financiero completo.
- La empresa necesita tener un departamento de comunicación que funcione bien para que un inversionista pueda hacer preguntas.
- La empresa debe tener una visión

realista.
- Los fondos son depositados
- Normas, leyes y reglamentos que rigen la empresa.
- Condiciones de la moneda bien detalladas.

Hay tantos OIM que son ESTAFAS. Los OIM ESTAFADORES no quieren gastar dinero en redes sociales, marketing o incluso responder a las preguntas de los usuarios porque están aquí para robar a las personas su dinero. Además, los estafadores no conocen los conceptos detrás de OIM y prefieren esconderse de los inversores inteligentes. Busque lo anterior al elegir un sitio web de OIM para invertir y evitar empresas con:

- Idioma mal empleado, ya que utilizan un lenguaje especulativo o lo alientan por temor a perderse.
- Activos pobres, tienen sitios web poco profundos, ya que intentan ser lo más anónimos posible.

Invertir en OIM rentables

En 2013, tuvo lugar la primera campaña de OIM de OmniLayer. Desde entonces, ha habido un aumento en la inversión de eventos gratuitos de financiación colectiva. Los productos de OIM han estado en el mercado de Internet durante los últimos 2 años, teniendo cada vez más grandes cantidades de ventas de fichas capaces de romper los límites de $3,33,094,276. Esto ha dado lugar a que los primeros inversores en criptomonedas de Bitcoin ganaran más del 3,000%.

Invertir en OIM conlleva riesgos que es importante que usted entienda, pero no hay necesidad de pensar demasiado en ellos. Cuando se trata de elegir en qué OIM invertir, es importante que usted entienda el equipo, el documento técnico y la oferta de productos, además de todo lo que hay sobre el OIM.

Cuando reciba su token, cámbielos por otras criptomonedas como ETH, BTC o EDU. Puedes vender el 30% y conservar el

70% de tus tokens. Usa el 30% para comenzar a recuperar tu inversión. Tratar con tokensimplica mucho miedo e incertidumbre no dejes que esto te desanime.

Las fichas y las criptomonedas dependen de la actividad del mercado, ya que pueden apreciarse o depreciarse como cualquier otra tienda de valor. Con los años, el valor de BTC ha aumentado sobre sus contemporáneos. Su valor fue originalmente de $0.008 y, en un período de 7 años, su valor aumentó a $6,000. Mientras invierte en OIM, su beneficio se puede dividir en dos:

1) **Corto plazo**

   Aquí los tokens se compran durante la venta principal o preventa o después de que el token se cotiza en el mercado cambiario. Los beneficios rápidos se hacen a medida que se venden. Esto permite a los inversionistas comprar token a una tasa más barata si no entraron temprano en el período de ventas de token.

2) Largo plazo

En otros casos, los inversores mantienen sus tokens durante un largo período, a la espera de que se alcance la medida completa del token. Este tipo de inversores se beneficia de las actividades comerciales diarias. Las personas con sentimientos especulativos tienden a obtener ganancias optimistas sobre el mérito.

Como inversionista, antes de elegir un OIM para invertir, considere lo siguiente:

- La calidad del proyecto. Compruebe si sus redes sociales están infladas.
- Presencia de una hoja de ruta bien definida.
- Respaldos de celebridades disponibles y no debe ser una distracción del producto real.
- La integridad de su perfil y equipo de desarrollo. Asegúrese de que hay un historial de la empresa y el equipo.

Es importante tener en cuenta que no debe invertir debido al temor a perderse, sino a los fines de inversión que se alcanzan mediante decisiones informadas.

Lista de recursos de OIM

Para aquellos que quieran lanzar, rastrear o investigar las ofertas iniciales de monedas, aquí hay una lista de recursos web.

1) **Coin Schedule**

    Se enumeran todos los OIM, hitos, eventos relacionados con altcoins y Bitcoin y financiación colectiva. Las fechas utilizadas son de diferentes fuentes, que incluyen: canales, foros, boletines informativos y sitios web oficiales de monedas, entre otros. Las listas están organizadas por moneda, fecha y título. Por lo general, se actualizan semanalmente y, a veces, más de una vez en un día.

    Aquí se enumeran los proyectos que se consideran dignos de seguir e invertir, que se compone de los mejores proyectos más el financiamiento colectivo de OIM. Coinschedule es un recurso que puede utilizar para mantenerlo marcado.

2) Cryptocompare

Las últimas tendencias criptográficas se discuten, ya que Cryptocompare ofrece una plataforma para discusiones y monitoreo de mercados. Cryptocompare ofrece una dinámica de precios precisa más datos de volumen de mercado a partir de los 25 intercambios de criptografía principales, que incluyen: Ethereum, Litecoin y Bitcoin entre otros. Cryptocompare no solo supervisa el mercado de materias primas, sino que también produce una gran cantidad de editoriales analíticas que incluyen: reseñas, guías, listas principales de criptomonedas y negocios.

Es un sitio web que ofrece a sus visitantes la oportunidad de participar y contribuir a la conversación como una plataforma social. También hay una función de cartera que permite al usuario monitorear sus propias participaciones utilizando la moneda base que prefiera. Los usuarios también pueden monitorear su exposición en varias plataformas, ya sean intercambios o billeteras.

3) Ambisafe
Con Ambisafe, un usuario puede emitir activos, venderlos a otros usuarios y permitir a los usuarios almacenar y comercializar activos. Puedes crear los tokens de dos maneras diferentes, lo que incluye:

- Al emitir más tokens de los que se pueden vender, un ICO destruye el resto. Este método es utilizado por Taas.
- También puede recolectar inversiones, emitir tokens que correspondan al monto de las inversiones. Chronobank y Waves utilizan esto.

El segundo caso se puede usar si está utilizando la cartera de Ambisafe Investor para recaudar inversiones. El primer caso permite la venta de sus activos a los intercambios de criptomonedas participantes. Esto es beneficioso para sus inversionistas, ya que pueden usar sitios web comerciales conocidos para comprar tokens OIM.

Cuando se realicen inversiones utilizando AmbisafeWallet, los intercambios de socios, siga los pasos a continuación:

- **Paso 1**
  Emisión de activos para ser comprados por los inversionistas a través del registro en el sitio web de Ambisafe y Master Wallet. En esta etapa eres dueño de los tokens. Agregue dos propietarios o más e insista en dos confirmaciones para una operación en Master Wallet. Esto evita los casos de bloqueo en caso de que un propietario pierda la contraseña de la cuenta. Cada contraseña tiene que ser almacenada de forma segura.

- **Paso 2**
  Adquiera una licencia para su billetera

Ambisafe Investor, que es una aplicación web escrita en Django y Python. Ambisafe ofrece personalización, marca y una configuración de servidor segura. Para que la billetera funcione requiere:

- AmbisafekeystoreSaaS que almacena contenedores de cuentas Ethereum cifrados con una alta confiabilidad. La pérdida de los contenedores no puede llevar a ningún control de los activos comprados.
- Base de datos MySQL o PostgreSQL para almacenar el resto de los datos de la cartera.
- La suscripción AmbisafeKeyserverSaaS para aceptar Bitcoin como método de pago.
- Suscripción AmbisafeSupernodeSaaS para la comunicación con las cadenas de bloques de Ethereum.

Cuando haya terminado con la instalación y el inicio de sesión del administrador del panel de cartera, se verá la dirección del token. El extremo posterior de la cartera controla la dirección. Es esta dirección la que permite a los usuarios obtener los activos adquiridos durante el OIM. Usando el Master Wallet, envíe un token de token a la dirección.En esta etapa particular, podrá cerrar sesión, comprar sus activos y registrar una cuenta de prueba en su billetera. Por lo tanto, Ambisafe garantiza que todo funcione y se vea bien antes de que su billetera comience la producción y el OIM.

- **Paso 3**
  En esta etapa, hay negociaciones con los intercambios para agregar su activo a la lista admitida. Debería poder enviar reservas de tokens a su dirección de intercambio de depósito para que los usuarios las compren durante el OIM.

- **Paso 4**
  Cuando finalice el OIM, destruya los tokens no comprados retirándolos de su dirección de almacenamiento en frío de Master Wallet y emplee el comando revocar.

Otros recursos de OIM incluyen: Smith + Crown, ICOO, ICO Staker, TokenMarket, ICO Alert, ICO Bench, Applancer y Bl4nkcode entre otros.

Conclusión

Las transacciones de dinero entre compañías o individuos están mayormente centralizadas y reguladas por un tercero. Realización de transferencia de moneda o pago digital para requerir que un proveedor de tarjeta de crédito o banco actúe como intermediario al completar la transacción. En este caso, se cobra una tarifa con una tarjeta de crédito o una compañía bancaria por la transacción. De este modo, se centraliza el sistema de transacciones, y toda la información y los datos son controlados y administrados por un tercero, y no las 2 entidades principales que participan en la transacción de divisas. El desarrollo de la criptomoneda ha resuelto este problema. El objetivo principal de la criptomoneda es crear un entorno / ambiente descentralizado donde no haya un tercero que controle los datos y las transacciones.

Aplicaciones actuales de la tecnología de criptomoneda

- La primera aplicación de la cadena de bloques en Bitcoin es como una nueva forma de hacer pagos.
- Más allá de Bitcoin, la aplicación de cadena de bloques como mecanismo de pago y liquidación se realiza en la banca, donde las conciliaciones de registros que se relacionan con transacciones entre diferentes bancos pueden llevar mucho tiempo y ser más costosas cuando solían realizarse a través de los canales tradicionales.
- Las oportunidades de aplicaciones no financieras son infinitas.
- **Para la solución antifalsificación**: BlockVerify utiliza esta tecnología que proporciona aclaraciones antifalsificación basadas en la tecnología de cadena de bloques, introduciendo así transparencia en las cadenas de suministro. Se utiliza principalmente en artículos de lujo, electrónica, diamantes e industrias farmacéuticas.
- **Filamento:** un inicio, que proporciona una pila de software descentralizada de

Internet de las Cosas (IoT) donde utiliza la cadena de bloques de bitcoin para permitir que los dispositivos almacenen identidades únicas en el libro mayor público.

Aplicaciones futuras de la criptomoneda
- En el futuro, la tecnología de cadena de bloques se puede usar para rastrear la historia única de los dispositivos de las personas, esto se realizará a través del registro de datos / intercambios de información entre servicios web, entre este y otros dispositivos, y usuarios humanos.
- Las cadenas de bloques también podrían permitir que varios dispositivos inteligentes sean agentes independientes, al realizar de manera autónoma un rango de transacciones.
- **Almacenamiento en la nube distribuido:** en los próximos 3 a 5 años, se espera que el almacenamiento de datos de cadenas de bloques se convierta en un disruptor masivo. Sobre todo porque los servicios actuales de

almacenamiento en la nube están centralizados.

- **Identidad digital:** la gente ya no tendrá que preocuparse más por su seguridad digital. Esto se debe a que las tecnologías de cadenas de bloques harán que la gestión y el seguimiento de las identidades digitales sean eficientes y seguros, lo que se traducirá en una reducción del fraude y un inicio de sesión sin problemas.
- **Contratos inteligentes:** en breve, los contratos digitales programables y vinculantes deben inscribirse en la cadena de bloques
- **Votación digital:** uno de los mayores obstáculos para que los procesos electorales estén en línea, es la seguridad. Sin embargo, con cadenas de bloques, uno puede verificar que su voto fue transmitido exitosamente mientras permaneció en el anonimato.

Los entusiastas, los inversores, los consumidores o incluso los expertos en tecnología pueden ser buenos aficionados a Bitcoin. Todo este tipo de personas puede seguir cada bit de noticias de criptomoneda y tener una pregunta en su mente. Las personas pueden querer averiguar si el futuro optimista puede ser forjado a partir de la inversión en diferentes criptomonedas. Bueno, no es un infomercial de truco o sorpresa. Invertir en criptomoneda puede ser un intento inteligente, además de ser lucrativo. La última popularidad del mercado de criptomonedas no puede ser negada. El auge de bitcoin en 2013, junto con su enorme aumento de valor, resultó en su reputación. La montaña rusa de las criptomonedas conocidas como Altcoins y Bitcoin obtuvo un lugar de distinción en cada diccionario que se encuentra en el mundo. Estas monedas digitales a lo largo de los años han ganado suficiente exposición, y una carrera involucrada en invertir en ellas puede proporcionar ingresos. Sin embargo, los inversores deberían tener tres cosas principales: algo de dinero, tiempo suficiente y una perseverancia eterna.

Parte 2

Bitcoin:

Introducción: ¿Qué es el Bitcoin? ¿Y por qué debería invertir en él?

Para entender qué es Bitcoin, primero debemos comprender el concepto del dinero e inversión, en primer lugar. Ciertamente, es algo que damos por sentado, pero cada día movemos valores de un lugar a otro, mediante alguna forma de moneda e inversión. Solo piénsalo, vas al Starbuck, le das un par de pedazos de papel verde a un Barista, ¡y como por arte de magia te entregan un frappuccino helado!

Estoy seguro de que la mayoría nunca se ha tomado el tiempo de considerarlo, pero ¿cómo sucedió esto? ¿Cómo es posible que algunas piezas de papel verde crujiente, con imágenes de políticos fallecidos desde hace mucho tiempo estampadas en su superficie, puedan usarse para comprar sabrosos frappuccinos? Bueno, en esencia, todas las formas de moneda son simplemente artículos que poseen un valor, objetos en los que colocamos valor y luego los usamos como un medio para facilitar el movimiento de bienes a través de los sistemas económicos.

Invariablemente, todo se remonta al trueque primitivo de nuestros antepasados prehistóricos. Dado que la prehistoria se refiere a la épocaanterior a que se escribiera nuestra historia, no podemos estar seguros de cómo surgió el alba del comercio, pero sin duda lo podemos imaginar. Solo piensaen un hombre de las cavernas que tiene dos peces, pero mucho más que comida, lo que realmente necesita es un nuevo abrigo de piel para el frío del invierno que se aproxima. Entonces, por casualidad, se encuentra con un neandertal extremadamente hambriento que viaja a través de la tundra helada y que lleva tres abrigos recién adquiridos de piel de venado colgados en la espalda.

El Neanderthal no necesita todo este exceso de equipaje de piel de ciervo, se dispone cruzar el hielo. Pero su estómago gruñe de manera feroz, cuando en esovoltea a ver a uno de sus hermanos temblorosos sosteniendo un par de peces en sus manos. Entonces, ¿qué deberían hacer el hambriento Neanderthal y el friolento hombre de las cavernas? Bueno, asumiendo que el hombre ha evolucionado lo suficiente como para no solo romperse la cabeza mutuamente para conseguir lo que quieren, idealmente, ¡harán trueque y comerciarán! El temible hombre de las cavernas cambiará su pescado al hambriento neandertal por sus abrigos de piel de ciervo.

Esta es la inversión prehistórica perfecta para ambas partes, ¡y ambos obtienen lo que necesitan a cambio! ¡Pero esta simple transacción es obviamente de alcance muy limitado, y un hombre solo puede cargar tantos peces resbaladizos! Por tanto, las cosas progresaron, en lugar del trueque directo de artículos, se determinó que otros artículos más fáciles de portar y que se consideraban igualmente valiosos, como el oro, el cobre e incluso la sal, se utilizaran como representaciones de valor en su lugar.

Por tanto, en vez de que tengas que llevar dos enormes y resbaladizos trozos de pescado para comprar tu abrigo de invierno, todo lo que tienes que hacer es llevar dos libras de sal en el bolsillo o dos monedas recién acuñadas. De esta sencilla manera, de estos primeros portadores de valoreseventualmente se derivaronlas notas bancarias de papel, como los dólares. Cuando vendes algo por unos cuantos billetes, o gastas una gran cantidad de dinero para obtener un poco más, no estás haciendo una inversión en papel, estás invirtiendo en esa reserva de valor que se le ha asignado. ¿Y quién le asigna ese valor al todopoderoso dólar? ¡El sistema bancario centralizado por supuesto!

Es en esta coyuntura que Bitcoin se desvía a la izquierda de la moneda tradicional. Puesto que el Bitcoin está completamente *descentralizado*, no hay un banco central que determine cuánto valen los bitcoins. Al igual que el oro, es valioso porque hay un número limitado de Bitcoins en oferta y, a diferencia del dinero, no se puede imprimir para aumentar su número. De manera intencional, solo se extraerá un número limitado de bitcoins (analizaremos la minería de bitcoins más adelante en este libro).

Y en lugar de un banco que los acapare, los bitcoins se encuentran dispersos en una amplia franja de usuarios de Internet que realizan un seguimiento de todas las transacciones e inversiones en un vasto ecosistema del Bitcoin (una referencia que escucharás bastante en este libro). Es por todas estas razones que al Bitcoin se le conoce como la primera "moneda digital descentralizada". Verás, un metal terrestre escaso como el oro, que al igual que el bitcoin tiene un suministro limitado, también podría denominarse una moneda descentralizada.

Solo piénsalo, por más que los bancos quieran controlar todo el oro del planeta, no pueden hacer nada para evitar que alguien simplemente desentierre más. Pero, aunque el oro se ajusta al perfil de un producto descentralizado, el oro, por supuesto, no es digital, y no se pueden comprar cosas en Amazon lanzando una barra de oro a través de la pantalla de su computadora. El Bitcoin, sin embargo, es digital, y completamente descentralizado. A diferencia del oro, también es completamente fungible, lo que significa que se puede dividir fácilmente en unidades más pequeñas, lo que simplifica enormemente las compras.

El Bitcoin es una cuestión de pura matemática, y para reducir su tamaño, ¡todo lo que tienes que hacer es dividir! Por supuesto, el oro es una construcción física y solo puede reducirse, acuñarse y dividirse un número limitado de veces. Como puedes ver, El Bitcoin resuelve toda una serie de problemas relacionados con la inversión en moneda convencional de una sola vez. El Bitcoin, tal como lo conocemos, se creó en 2008 cuando alguien que usaba el alias, "Satoshi Nakamoto", presentó un ensayo en el que describía "su" intención de implementar una nueva moneda digital.

Cuando hacemos referencia a Satoshi Nakamoto, nos vemos obligados a usar la palabra "su", porque hasta el momento, nadie tiene idea de si Satoshi es un hombre, una mujer o, posiblemente, un grupo de colaboradores secretos. Al día de hoy, la verdadera identidad del alias sigue siendo completamente desconocida. Como una madre anónima que hubiese dejado a un bebé recién nacido en una estación de bomberos, a fines de 2008, Nakamoto publicó un sitio para criptógrafos y difundió una nueva idea:

el "Bitcoin", la pieza de criptografía más innovadora y segura que el hombre haya conocido.

Para que algo sea criptográficamente seguro debe estar lo suficientemente encriptado, para que alguien pueda enviar un elemento de datos incrustados, sin que nadie sepa qué había dentro. La forma más fácil de hacer entender este concepto a la mayoría es mirar más allá de su correo electrónico, ya que el correo electrónico en sí mismo es una función de la criptografía. Tu correo electrónico contiene datos especialmente encriptados y no se puede abrir a menos que proporciones una contraseña.

Esta contraseña, en lenguaje criptográfico, es tu "clave privada", y el correo electrónico en sí mismo sería la "clave pública" que tu contraseña o "clave privada" sirvan para desbloquear. Bitcoin funciona de la misma manera. Bitcoin utiliza una cadena de bloques a través de la cual se pueden realizar bloques de transacciones, y solo aquellos con claves privadas y públicas que coincidan correctamente tienen acceso a estos datos, lo que hace que las transacciones sean completamente seguras.

Tan solo la seguridad proporcionada por la cadena de bloques, debe ser una razón más que suficiente para que al menos tengas un poco de curiosidad de en lo referente a invertir en Bitcoin. Y a medida que profundicemosmás sobre el tema en este libro, ¡no tengo ninguna duda de que te convertirás en un verdadero creyente! Ahora que sabes qué es el Bitcoin, presta mucha atención a los siguientes capítulos para que tengas una idea aún más precisa del tipo de inversión en la que te estás involucrando.

Capítulo 1: Razones del Mundo Real Para Invertir en Bitcoin

Antes de que estar listos para realizar una inversión, necesitamos saber cómo podremos beneficiarnos de nuestra inversión en el mundo real. Bueno, entonces, ya que hay tantas buenas razones para invertir en Bitcoin, ¡pensé seguir adelante y dedicar un capítulo entero a este tema! A continuación, te presento todas las razones del mundo real que podrías necesitar para invertir en Bitcoin.

Para Invertir en Bitcoin no Necesitas de un Intermediario Financiero

¿Alguna vez has intentado realizar una gran inversión, como acciones, bonos o bienes raíces? Todos estos métodos tradicionales de inversión son excelentes, pero todos requieren una cosa: un corredor. Ya sea que compres una casa o adquieras algunas acciones, siempre hay algún intermediario financiero en el medio. Pero con Bitcoin, esta es una inversión que puedesrealizara tu propio tiempo y completamente en tus propios términos.

En lugar de tener que lidiar con algún tipo de diferencia entre tú y sus finanzas, puedesadquirir directamente tus activos de Bitcoin y hacer negocios. Pronto, tú serás tu propio jefe en esta inversión, lo que significa que no tendrás que pagar ninguna tarifa a un intermediario. Sé que muchos de ustedes pueden tener ciertas dudas en cuanto a trazar su propio curso con Bitcoin, y quizás sientan que realmente necesitan un intermediario financiero que los ayude a llevar un registro de todo esto, pero con Bitcoin no es realmente un problema estar al frente de todo.

Verás, puesto que cada transacción individual se registra en un libro de contabilidad público y queda grabado en la cadena de bloques para siempre—todo está en el registro permanente—y simplemente no hay manera de que puedas estropearlo. Esto por sí solo brinda una gran tranquilidad a la mayoría de los inversores. Todavía puedo recordar la primera vez que compré mi propio Bitcoin. Acababa de cumplir 27 años, y un amigo me animó a invertir. Al principio dudé bastante, me sentí abrumado ante la perspectiva de tener que separarme de parte de mis activos.

Tenía una empresa de inversiones muy pequeña (de hecho, estaba instalada en un pequeño sótano) y no estaba seguro de saber lo suficiente como para manejar las cosas por mi cuenta. Estaba bastante aterrorizado. Pero cuando me di cuenta de lo fácil que sería, sin ningún tipo de supervisión o interferencia, salté a bordo. No pasó mucho tiempo antes de que mi inversión comenzara a pagar. Y no he mirado atrás desde entonces. Y si suena como algo que también podría ayudarte, también deberías intentarlo.

Para la inversión en Bitcoin, puedes comenzar con tus propios términos. Si sientes que quieres entrar en serio y poner todas tus fichas en la mesa, no habrá nadie que te detenga. Y si deseas frenar e invertir poco a poco, esta es también una opción para ti. Con Bitcoin tú eres tu propio jefe, y está escribiendo su propio tipo de "elija su propia historia de aventuras" (¿Recuerdas eso?) Todo dependerá de la manera en que procedas con tu propia inversión en Bitcoin.

Las Inversiones en Bitcoin Están Protegidas de la Inflación

La pesadilla de la bancarrota de los sistemas financieros en todo el planeta: la inflación es un verdadero asesino de la moneda. Tan serio como un ataque al corazón monetario, siempre comienza de la misma manera, hay una presión del gobierno para pagar algún tipo de deuda, y el banco centralizado responde imprimiendo más dinero. Parece una solución simple, pero tarde o temprano, el exceso de efectivo en circulación provoca una seria devaluación de la moneda.

A medida que la moneda pierde valor, los precios de todos los bienes y servicios se disparan hacia el cielo, haciendo que algo tan simple como un galón de leche en la tienda de abarrotes cueste cientos de dólares. En este punto, el dinero está inflado irremediablemente, y completamente sin valor. Y si tuviste la mala suerte de poner todas sus esperanzas y sueños en los millones de dólares que desperdiciaste, sus ahorros e inversiones de toda la vida ahora han perdido su significado. ¡El dinero que se suponía que te ayudaría a jubilarte ahora apenas te alcanza para comprar comestibles para una semana!

Por horrible que parezca, estos resultados trágicos son muy posibles con inversiones que dependen de los bancos centralizados como sus administradores. Esta es precisamente la razón por la cual hay tal indignación con el sistema bancario en este momento. Son la causa de la burbuja inmobiliaria, causan unilateralmente una inflación desenfrenada y el banco central juega según sus propias reglas. Es suficiente para hacer que quieras gritar, pero cuando estás atrapado en medio de esto como inversionista, realmente no hay mucho que puedas hacer al respecto.

Pero con la naturaleza descentralizada de Bitcoin, la inflación de este tipo ni siquiera entra en el ámbito de lo posible. Dado que hay un número limitado de bitcoins para explotar, y no hay forma de crear más, el mercado de Bitcoin estará siempre libre de la inflación saturada que enfrentan sus pares monetarios. Invierte en Bitcoin y sabrá exactamente dónde se encuentra tu inversión, durante bastante tiempo. Ya no estará a merced de algún banco centralizado o de cualquier otra institución.

Y la capacidad del Bitcoin para frustrar por completo la inflación, y otros controles corruptos e institucionalizados, ha puesto en alerta a todo el mundo. El Bitcoin se ha vuelto particularmente popular en zonas del mundo en desarrollo en donde la corrupción rampante ha inflado seriamente la moneda local. Veamos aZimbabwe, por ejemplo, aunque el implacable dictador zimbabuense Robert Mugabe finalmente se ha retirado de su implacable gobierno de larga data, la moneda local aún no ha tenido tiempo suficiente para recuperarse de su desastroso reinado.

Puesto que se imprimió tanto dinero, el dólar zimbabuense es casi inútil, y se necesitan cientos de billetes solo para obtener el producto más básico de la tienda de comestibles local. Es por esta razón que la mayoría ha usado la moneda de los Estados Unidos en su propia patria durante años, utilizando dólares y centavos en lugar de una unidad monetaria basada su nación. Y más recientemente, Zimbabwe también ha demostrado ser un cliente perfecto para Bitcoin.

A pesar de que sus funcionarios gubernamentales les han fallado, los ciudadanos de Zimbabwe pueden estar seguros de que la criptografía y la inmejorable cadena de bloques de Bitcoin es algo en lo que pueden confiar. Porque todas las inversiones de Bitcoin están, y siempre estarán, protegidas contra la inflación, sin importar qué ocurra. A diferencia de algunos gobiernos mundiales y sus líderes, la continuidad sólida e ininterrumpida de la inversión de Bitcoin es algo con lo que puedes contar.

La Enorme e Inesperada Ganancia de la Inversión en Bitcoin

Probablemente no hay mejor publicidad de por qué deberías invertir en Bitcoin que las enormes e inesperadasganancias que los primeros inversores ya han experimentado. En realidad, muchos se han enriquecido con una inversión temprana en Bitcoin. Los que invirtieron en los albores de la era de Bitcoin, en 2009 y 2010, cuando un solo bitcoin valía menos de 1 centavo, ahora son multimillonarios.

Al principio, Bitcoin no se tomaba en serio, y se creía que era una pérdida de tiempo. Luego, en 2011, cuando Bitcoin alcanzó el valor de un dólar estadounidense, todo eso comenzó a cambiar. Para asombro de espectadores e inversores, el valor de Bitcoin siguió aumentando hasta que superó por completo al dólar. Muy pronto, la inversión en Bitcoin parecía cada vez más rentable.

¡Avancemos ahora hasta el año 2017, y ese mismo bitcoin único y solitario ahora vale$4880! Esto significa que alguien que invirtió en tan solo 20 bitcoins en 2009, hoy tendría una inversión de casi $ 100,000. ¡No está tan mal para un golpe de suerte! La inversión en Bitcoin se está convirtiendo rápidamente en la principal historia de éxito del siglo XXI. Incluso las personas que olvidaron que tenían bitcoins, ¡se despertaron y se encontraron a sí mismas mucho más ricas!

Solo toma el caso de Cristopher Koch. El Sr. Koch, quien estaba escribiendo un artículo universitario sobre tecnología de criptomonedas y encriptación en 2009, compró algunos bitcoins baratos solo para tener un ejemplo de su trabajo. En ese entonces, cuando Bitcoin estaba recién comenzando, y aún con un valor muy bajo, pudo comprar 5000 bitcoins por unos 26 dólares. Luego terminó su trabajo a fines de 2009, explicó cómo funcionaban las criptomonedas, guardó su clave privada y, literalmente, se olvidó del asunto.

No fue hasta 2013, cuando comenzaron a surgir las noticias de que el Bitcoin había aumentado su valor, y este continuaba creciendo aceleradamente, Cristopher Koch recordó esa inversión olvidada en 2009. Haciendo cuentas, ahora se dio cuenta de que sus 5000 bitcoins valían mucho. ¡Más de los 26 dólares que había pagado por ellos! Deseando desbloquear su propia inversión inesperada en Bitcoin, el Sr. Koch se apresuró a recuperar sus bitcoins perdidos desde hacía mucho tiempo, pero para su gran consternación había perdido su clave privada.

En el mundo de Bitcoin esto es un asunto serio, porque una vez que se pierde una clave, tus bitcoins podrían perderse para siempre. Afortunadamente para Cristopher, sin embargo, había tenido la previsión de crear una contraseña maestra y, con ella, ¡pudo desbloquear su ganancia inesperada de casi un millón de dólares! ¡Y esto fue en 2013! Entonces, ¡solo imagina cuánto vale su alijo de bitcoins ahora! ¡Todo gracias a la gran ganancia inesperada derivada de una inversión temprana en Bitcoin!

La Cadena de Bloques

Como resultado, el aspecto más extraordinario de la introducción de Bitcoin por Satoshi Nakamoto en 2008, puede no ser el propio Bitcoin, sino la plataforma que Satoshi diseñó para facilitarla. Y esa plataforma se llama *Blockchain*("Cadena de Bloques"). También conocido como un "libro de contabilidad público", la cadena de bloques es un sistema en el cual grandes piezas de datos transaccionales se vinculan entre sí a través de una amplia red de usuarios.

Aproximadamente cada 10 minutos se agrega a la cadena un bloque recién procesado de estos datos. Para todos los usuarios de Bitcoin, su propia copia personal de este bloque de datos se envía a su propia cadena de bloque personal para quedar encerrada dentro de su programa de billetera de Bitcoin (veremos los programas de billetera en el próximo capítulo). Gracias a la cadena de bloques estas transacciones son seguras y exitosas. Y la propia cadena de bloques, como resultado, puede usarse para mucho más que Bitcoin.

En 2017, el entonces Secretario de Salud Tom Price había sugerido que la criptografía de bloqueo de la cadena de bloques podría usarse para transacciones seguras de registros de salud con la misma facilidad con que se utiliza en finanzas. Esto fue, por supuesto, antes de que Price se viera obligado a renunciar después de fletar demasiados aviones privados y ser acusado de derrochar dinero innecesariamente. Pero dejando de lado el uso corrupto de los fondos por parte de Price, este tenía razón en lo que respecta al potencial de la cadena de bloques en la industria de la salud.

Se proyecta que los hospitales de toda la nación

pronto usarán una tecnología de estilo de cadena de bloques para transferir de manera segura los registros médicos de un lugar a otro, de un dispositivo a otro, para que, sin importar a dónde vaya, su médico pueda acceder de manera segura a tus últimos datos médicos. La cadena de bloques se está convirtiendo en un efecto secundario increíblemente importante de la llegada de Bitcoin, y si eres un inversionista astuto, debes tener en cuenta que la revolución de la cadena de bloques ha comenzado.

Capítulo 2: Comenzando con tus Inversiones de Bitcoin

Ahora que estás enterado de los beneficios que puedes obtener con Bitcoin, estoy seguro de que estás ansioso por iniciar. Pero antes de que te vayas por ahíy obtengas tu primera billetera de Bitcoin, tomémonos un tiempo para discutir algunas estrategias de inversión iniciales. En este capítulo, destacaremos algunas de las mejores vías disponibles para tien lo referente al comienzo detus inversiones en Bitcoin.

Obtén una Billetera de Bitcoin

Antes de hacer cualquier otra cosa, para poder realizar tu primera inversión en Bitcoin, tendrás que obtener algo llamado "Blletera de Bitcoin". Y no, cuando decimos "billetera", ¡no estamos hablando de una *trendy*billetera de Bitcoin de piel de cocodrilo que te guardarás en el bolsillo trasero! ¡No señor! Estamos hablando de billeteras digitales bitcoin. La billetera digital de Bitcoin es la institución en la cualguardastus claves privadas (como veremos más adelante) para acceder a tus bitcoins.

Para configurar tu billetera digital de Bitcoin (también hay otros medios de almacenamiento más allá de lo digital,pero hablaremos de ello más adelante en este libro), necesitas descargar un "programa de billetera" de Bitcoin. La mayoría de estos están disponibles como descargas gratuitas para tu computadora o teléfono desde sitios como "Coinbase" o "Electrum".

Como puedes ver claramente, hay muchas opciones disponibles, y al final, tendrás que decidir cuál es la mejor para ti. Tendrás que sopesar las opciones y determinar qué es lo mejor para tu propia estrategia de inversión personal. Pero con el propósito de utilizar este libro en su totalidad como una herramienta de aprendizaje, seguiremos adelante y seleccionaremos una para ti.

Ve a http://electrum.org

Desde aquí podrás descargar el último programa Electrum Bitcoin Wallet. Tan pronto como hagas clic en "descargar", comenzará la instalación. Luego, las instrucciones se explican por sí mismas y, después de algunas indicaciones, deberás ver un cuadro de diálogo que dice: "Electrum no pudo encontrar una billetera existente". Esto es lo que cada nuevo usuario debería ver y simplemente reitera lo que ya sabes: no tienes una billetera

Este aviso está allí para asegurarse de que no tienes una billetera anterior que te gustaría restaurar. Pero asumiendo que realmente eres un

novato, ignora esta consulta y simplemente
selecciona la opción "Crear nueva biletera" y haz
clic en siguiente. Después de hacer esto, recibirás
lo que se conoce como*seed*("semilla"), que es un
núcleo de datos, que consta de 12 términos
aleatorios. Es esta semilla la que generará tus
claves y direcciones privadas. Toma nota de ello y
coloca esta semilla en un lugar seguro.

No todos los programas de monedero usan
"semillas" para almacenar los inicios de la
generación de claves privadas, algunos
simplemente almacenan estos datos
directamente en su dispositivo. Pero la semilla
resulta ideal, funciona como una protección
contra la pérdida o el robo de dicho dispositivo, y
es muy recomendable. Una vez que te hayan
proporcionado*tu semilla, se te solicitará que te
conectes a un servidor remoto. Muchos pueden,
al principio, palidecer ante la idea de hacerlo,
pero realmente no hay nada que temer, estos
servidores remotos son completamente seguros.

Se te dará la opción de conectarte
automáticamente, o seleccionar tu servidor
manualmente, para simplificar las cosas, te
permite seleccionar la opción, "Conexión
automática". Después de hacer esto, deberá
aparecer una ventana con un panel de control
que contiene varias opciones. Deberás ver un
punto verde iluminado en la esquina inferior de

esta ventana. Mientras esté encendida esta luz verde, estarás conectado a la red. Ahora que esto se ha establecido, echemos un vistazo a tu panel de control.

Mira las cinco pestañas situadas hacia la esquina superior izquierda de tu ventana. Son "Historial, Enviar, Recibir, Contactos y Consola". Continúa y haz clic en la pestaña "Recibir". Después de hacer clic en esta pestaña, deberás ver una lista completa de todas tus posibles "direcciones de recepción" de Bitcoin. Estas direcciones son claves públicas generadas al azar, y puedes usarlas para recibir tus primeros bitcoins.

Tan pronto como alguien envíe cualquier Bitcoin a una de estas direcciones, verás esa cantidad reflejada en el saldo de Bitcoin en tu billetera. Tu saldo siempre aparecerá en la esquina "inferior izquierda" de tu pantalla. Mantén un ojo en él mientras inviertes más con Bitcoin. Lo último que deseas hacer es dejar de prestar atención a tus balances, el inversionista inteligente siempre tiene que estar atento a las últimas tendencias.

Obtén tu Clave Privada

Como se mencionó en la introducción de este libro, el uso de una clave privada es una medida estándar de criptología, y es algo tan simple como la contraseña que escribimos para abrir una cuenta de correo electrónico. Tu clave privada para Bitcoin funciona en la misma premisa, y es esencialmente solo una larga serie de letras y números que se utilizan para acceder a los bitcoins que has escondido en tu repositorio de Bitcoin en línea. La "clave privada" es la clave que desbloquea esta caja de seguridad digital.

Dicho esto, una vez que tengastu clave privada, debes asegurarte de que esté bien asegurada para que no caiga en las manos equivocadas. Además del robo, también debes asegurarte de que no se pierda. Puesto que una de las características de la inversión en Bitcoin es que, debido a su naturaleza descentralizada, todo lo que necesitas para poder para acceder a tu dinero es una clave personalizada.

De hecho, esto podría interpretarse como uno de los beneficios reales que brindan los intermediarios bancarios, ya que con ellos, una simple llamada telefónica generalmente es todo lo que se necesita para recuperar toda la información que necesitas para tu cuenta. Pero con las inversiones de Bitcoin, si pierdes su clave privada, no hay una autoridad centralizada a la cual puedas llamar para que te rescate. Como Peter Parker dijo una vez: "Un gran poder implica una gran responsabilidad".

Y Bitcoin ofrece un poco de ambos. Bitcoin ofrece

mucha libertad y ventajas, pero también debes ejercer tus propias prácticas de seguridad para mantener la calidad y el control de tu inversión financiera. ¡Dado que es, de hecho, tu inversión financiera, y no estás en deuda con nadie más! Ya no eres esclavo del dólar. Tú estás a cargo de su propio destino de Bitcoin, así que asegúrate de trazar el camino perfecto para ti y tu inversión financiera.

El Uso de los Programas de Billetera

Los programas de billetera están diseñados para clasificartus Bitcoins en categorías muy específicas. Si necesita una cierta cantidad de bitcoins para pagar tus facturas y una cierta cantidad para otras inversiones, puedes catalogar todas sus necesidades de Bitcoin en uno de estos convenientes programas de billetera. Pero lo realmente bueno de los programas de billetera de Bitcoin es su capacidad para producir direcciones de Bitcoin fuera de línea. No tienes que estar conectado a la red para esto, y ni siquiera necesitas una conexión a Internet.

El programa en sí simplemente elige una serie de números al azar y emite una dirección en el momento. Ten en cuenta que, aunque tu propia dirección puede crearse sin una conexión a Internet, tendrás que conectarse en línea para acceder al dinero enviado a dicha dirección.

Utiliza los programas de billetera para facilitar tus inversiones a la larga. Simplemente descargatus archivos wallet.dat en tu programa asignado y permite que siga su curso. Esto realmente es una sabia inversión. Entonces, adelante, ¡sigamos adelante con el programa!

Usoy Generación de Códigos QR

Si has estado en el mundo moderno durante algún tiempo, sin duda ha visto algunos códigos QR. Estos pequeños contornos cuadrados de puntos blancos y negros hoy en día se han vuelto omnipresentes. Al igual que los códigos de barras del pasado, los códigos QR son cada vez más frecuentes en todo tipo de mercancías y medios de inversión financiera. De hecho, se han vuelto tan generalizados, que a los mendigos sin hogar en las calles de Nueva York se les han visto códigos QR pegados a los lados de sus vasos de cambio.

¡En lugar de traquetear el cambio, estos hobos están sacudiendo la moneda digital! ¡Si eso no es una señal de que QR ha llegado para quedarse, no sé qué es! Los códigos QR aparecieron por primera vez en 1994, cuando los fabricantes de automóviles japoneses lo crearon como un medio para almacenar más datos financieros de los que permitían las barras de códigos de barras estándar. Aunque estos códigos han existido desde mediados de la década de 1990, en realidad no llegaron a funcionar como medio de transporte financiero para el ciudadano promedio hasta el surgimiento de los teléfonos inteligentes.

Dado que los teléfonos inteligentes, con sus elegantes pantallas pueden convertirse esencialmente en un escáner portátil, ahora cualquier persona puede escanear códigos QR con solo deslizar su teléfono. Esto ha hecho que el mundo del comercio y la inversión sean increíblemente simplificados, ya que ahora cualquiera puede transferir fácilmente una moneda como Bitcoin con un simple escaneo de su teléfono a través de la superficie de un código QR.

Y ahora los inversores pueden incluso crear sus propios códigos QR descargando el "Generador QR de Bitcoin". Puedes crear estos códigos para que se les coloque la cantidad que desees, ¡simplificando todo el proceso de tu inversión a voluntad! Ahora puedesdescargar billeteras y programas especiales de Bitcoin que se pueden crear fácilmente para escanear QR directamente en tu teléfono. ¡No sé tú, pero a mí me encanta cuando las buenas ideas, el comercio y la tecnología se unen!

Capítulo 3: Invertiren Minería de Bitcoin

Originalmente, la minería de Bitcoin era la principal manera de adquirir bitcoins, y aunque las elecciones se han vuelto un poco más reducidas a lo largo de los años de minería continua, todavía hay mucho espacio para hacer una inversión en el mundo de la minería de Bitcoin. En este capítulo exploraremos de manera sencillala manera en la cual tú también puedes obtener ganancias al invertir en la minería de Bitcoin.

Infórmate Acerca del Proceso de Minería

Antes de hacer cualquier otra cosa, debes saber qué significa minar en primer lugar. La idea de la minería de datos ha existido desde hace un tiempo. Pero no fue hasta hace muy poco que la recuperación de largos algoritmos de datos se ha convertido en un aspecto tan crucial de la vida moderna. De hecho, hoy en día todos y cada uno de nosotros somos unapieza en el mundo de la minería de datos, y hastatú mismo sin duda ha sido minado y ni siquiera lo sabes.

Solo piensa en la última vez que compraste un libro en línea en Barnes and Noble, y al día siguiente recibiste notificaciones de libros similares en su correo electrónico personal. El hecho de que te gustan estas nuevas ediciones se dedujo a través del proceso de minería de datos. Alguien (o tal vez incluso*algo*) minó tus hábitos de gastos personales lo suficiente como para poder deducir lo que te gustaría en el futuro.

Este tipo de minería de datos es un tema que forma parte de nuestra vida en este momento. La minería de Bitcoin, por otro lado, es un tipo diferente de minería de datos. Bitcoin funciona en una especie de ecosistema de igualdad de oportunidades que opera sobre una base de igual a igual, en el que cada bloque de datos extraídos en la cadena de bloques es una pieza separada pero igualmente importante del rompecabezas. Para que tengas éxito en tus esfuerzos como inversor, necesita poder entender esto.

Cada uno de estos bloques tiene conjuntos de datos muy específicos, pero es cuando todos los bloques de la cadena se juntan que el verdadero milagro de Bitcoin se une. Esta es la minería de datos en su máxima expresión. Y tan pronto como entiendas el proceso, tu inversión con Bitcoin realmente puede despegar. Entonces, toma nota, infórmate acerca de las últimas tendencias y ¡prepárate para hacer la mejor inversión de tu vida!

Y si invertir en una operación minera ya en funcionamiento es atractivo para ti, solo como una sugerencia útil, la compañía minera que siempre ha sido votada como la mejor es una denominada "Genesis Mining". Se sabe que esta compañía, inspirada en el "Bloque de Génesis" que comenzó la cadena de bloques, ofrece a los inversores algunos beneficios considerables. Este grupo minero es bien conocido en el ecosistema de Bitcoin y es bastante proactivo en sus relaciones con otros miembros de la red. Ponte en contacto con ellos y permanece constante, de esa manera seguramente obtendrás una ganancia.

Básicos de la Minería de Bitcoins

El concepto de minería de Bitcoin surgió como resultado directo de la naturaleza descentralizada de la red de Bitcoin. Dado que no existe una autoridad bancaria centralizada, Bitcoin confía en sus compañeros, los entusiastas de Bitcoin que explotan bloques de transacciones de Bitcoin. Estos mineros de bits ayudan a facilitar el flujo del comercio financiero y trabajan para evitar que los usuarios se involucren en instancias erróneas de doble gasto y otros errores.

Los mineros de Bitcoin se aseguran que cada bloque de datos pueda verificarse para que se ajuste a la secuencia con el último. Cada diez minutos este proceso se repite, con un nuevo bloque de datos procesados. Es el minero de Bitcoin quien aborda estos bloques de datos que se han distribuido en toda la red. Esta extracción, por supuesto, no se hace únicamente para el beneficio altruista de otros, sin embargo. Hay un incentivo incorporado para la minería. No estaría acorde con el verdadero espíritu del capitalismo si no existiera.

Y por cada bloque transaccional explotado en la cadena, el minero recibe 12.5 bitcoins a cambio. La recompensa original era de 50 bitcoins, pero para evitar que el ecosistema de Bitcoin se inunde con demasiada moneda, este número se ha reducido a la mitad cada 4 años. Como resultado, la cantidad actual que un minero de Bitcoin puede esperar recibir ahora es de 12.5 bitcoins por bloque. Se trata de una inversión muy atractiva.

Invirtiendo en el Equipo de Minería Adecuado

Para poder desenterrar adecuadamente tus propios bitcoins, necesitarás un dispositivo con capacidad computacional para realizar matemáticas sofisticadas. Esto es necesario para detectar pequeñas fluctuaciones en Tu "encabezado de bloque" en la cadena de bloques. Es este encabezado de bloque el que contiene la mayor parte de la información transaccional que se procesa en esa instancia en particular.
Entre otra información, contiene el momento en que se produjo la transacción, así como un número completamente aleatorio conocido como

"nonce". Este número se asigna a cada transacción y, en última instancia, el minero lo utiliza como su "prueba de trabajo" de que efectivamente extrajeron ese bloque de datos. Con esta prueba en la mano, el minero puede cosechar su recompensa de bitcoins.

Al principio, todo lo que se requería para analizar esta reserva de información digital era el estándar "CPU" (Unidad central de procesamiento) de tu computadora promedio. Como su nombre puede implicar, la CPU de su computadora es la ubicación centralizada donde tu computadora procesa todas las acciones típicas que se usan para las computadoras, como abrir documentos, navegar en Internet, etc., etc. El CPU también fue inicialmente el lugar principal donde las operaciones de minería de Bitcoin se realizaban.

Pero a medida que los cálculos se volvieron más intensos, el viejo CPU simplemente no pudo realizarlos, y se llegó al punto en que al intentar minar con solo un CPU era más probable que tu computadora falla sen lugar de entregarte algún bitcoin. Es por esta razón que la gente dejó de minar con la CPU de su computadora y, en su lugar, comenzó a usar su GPU. Muchas cartas, lo sé, pero tengan paciencia conmigo aquí.

Debido a que la GPU (unidad de procesamiento gráfico) de la computadora está diseñada para manejar acciones computacionales mucho más complicadas, como reproducir videos y otros gráficos. Las GPU tienen algo llamado "Unidades lógicas aritméticas" a las que se les asigna la hercúlea tarea de examinar las resmas de datos pixelizados repetidos que hacen posible la presentación sin problemas de los gráficos de video en primer lugar.

Las GPU funcionaron bastante bien durante un tiempo, es decir, hasta que algo llamado "Matrices de puertas programables de campo" llegó a la escena. Las matrices de puertas programables de campo son un tipo de circuito integrado que es capaz de programar las "puertas lógicas" de cómputos matemáticos complicados. Lo sé, es mucho para asimilar, pero en realidad todo lo que necesitas saber es que una operación de minería equipada con Matrices de Puertas Programables de Campo puede hacer el trabajo mucho más rápido que una GPU sola.

Pero el asunto tampoco termina ahí, ya que fue el circuito integrado de Field Programmable Gate Array lo que llevó al chip "ASIC" que se ha convertido en parte integral de las plataformas de minería Bitcoin más exitosas de la actualidad. Estos chips llegaron al mercado en 2013 y han aumentado enormemente la velocidad con la que los bitcoins se pueden explotar. Y el minero de Bitcoin no ha mirado hacia atrás desde entonces.

Si deseas que tu operación minera rinda sus frutos, debes tener una computadora equipada con el equipo más reciente, como la que figura en esta sección. Simplemente, si deseas que tu inversión se vea recompensada, debes invertir en el equipo adecuado. Entonces, no dudes en gastar un poco de dinero y un poco de tiempo para asegurarte de que tus inversiones sean exitosas.

Vuélvete Parte de un Grupo de Minería

Conforme los recursos se hacen cada vez más escasos y la competencia crece, la gente ha decidido unir fuerzas en comunidades mineras colaborativas de Bitcoin llamadas "Grupos de minería". Invertir en un grupo de minería no solo te dará más manos en la plataforma para minar, sino que también te ahorrará mucho dinero en su factura de electricidad. La mayoría de los que se unen a las piscinas mineras informan que sus cargas eléctricas mensuales se han reducido a la mitad

Los procesadores de súper velocidad succionan tanta energía que realmente harán que tu factura de energía eléctrica se dispare, por lo que poder compartir este esfuerzo con varios otros realmente te ayudará a reducir tus gastos en el proceso. Los grupos mineros comparten tanto la carga como los beneficios de la inversión. Divide las ganancias de Bitcoin entre tu tripulación y todos serán felices campistas. Realmente hay poder en los números, y estos grupos podrían servir para multiplicar tu inversión considerablemente.

Lleva tu Operación de Minería a la Nube

La tecnología de la nube sigue siendo un

fenómeno bastante nuevo, pero está generando olas bastante importantes en muchos ámbitos diferentes, y Bitcoin no es la excepción. El poder virtualmente ilimitado de la computación basada en la nube se está utilizando para eludir la cantidad cada vez mayor de energía necesaria para explotar Bitcoin. Las redes en la nube constan de varios dispositivos conectados entre sí a través de Internet, creando una "nube de datos" virtual simulada por potentes servidores en el ciberespacio. Estos servidores están respaldados por corporaciones de miles de millones de dólares y tienen recursos para quemar.

Por lo tanto, al poder subcontratar todas tus operaciones de minería de Bitcoin a la nube en Internet en lugar de en un hardware y software voluminosos en tu hogar u oficina, puedes reducir considerablemente tus costos operativo generales. Dado que toda la funcionalidad se maneja en la nube, tus computadoras personales, servidores, procesadores y espacio disponible en disco están completamente liberados y disponibles para otras aplicaciones. Esto significa que cualquier computadora que uses para acceder ala nube se ejecutará mucho más rápido y será más productiva, ya que el 99% de tu proceso de minería de Bitcoin se manejará en una red basada en la nube.

Todo lo que necesitas para tu computadora es

para el acceso, todo lo demás es manejado por los poderosos servidores basados en la nube. Esto significa que, en lugar de tener que invertir tus valiosos recursos en un servidor más potente, al subir todo esto a los servidores más poderosos de la nube, podrás utilizar la potencia restante de su servidor/computadora para otras áreas de uso necesarias. Y si hay algún problema de mantenimiento, no tienes que preocuparse en absoluto, ¡porque la nube lo tiene cubierto!

Al subcontratar tu operación de minería a la nube, también subcontratas todos y cada uno de los problemas de mantenimiento. No tienes que preocuparte por hacer explotar un servidor, todas estas cosas ya están a cargo de la empresa a cargo de su servicio basado en la nube. Y hablando de ello, dos de las plataformas basadas en la nube más grandes que podrías usar para la minería de Bitcoin es un equipo denominado "Digital Ocean" y una "plataforma de Amazon EC2". Es lo último; La plataforma Amazon EC2 que es, en general, la más popular entre los inversores.

EC2 ofrece una amplia gama de servicios virtuales basados en la nube, a los que hace referencia como "Instancias informáticas". Este es solo un término para las aplicaciones utilizadas por la nube, y las operaciones de minería de Bitcoin también se incluyen en estas "instancias". Todo esto se lleva a cabo a través de la consola de

Amazon Web Services (AWS), que se puede utilizar para automatizar todo el proceso. Así que sí, básicamente, mientras vas a Starbucks a tomar una taza de café y vuelves, la operación de minería que subcontrataste a la nube ya está ocupada, ¡lo cual te permite ganar un montón de dinero! ¡Incluso podrías darle una propina a tu barista! ¡Imagina eso!

Capítulo 4: Comprar y Mantener, Día de Comercio y Fideicomisos

Hay tres opciones de inversión principales que se presentan al inversionista inteligente de Bitcoin y están sobre la implementación de lo que se denominan estrategias de "comprar y mantener", "transacciones diarias" y la adquisición de fideicomisos. Estas son todas opciones de inversión interesantes con beneficios únicos. Así que aquí en este capítulo nos tomaremos el tiempo para explorarlas todas.

Inversión de Comprar y Mantener

Utilizar una estrategia de "Comprar y Mantener" es tan fácil como parece, simplemente compras algunos bitcoins y los conservas hasta que su valor aumenta y te genera ganancias. Esta simple estrategia ha sido utilizada por muchos entusiastas de Bitcoin. Muchos de los que compraron solo unos pocos Bitcoins en 2009 o 2010, cuando apenas valían un centavo, se han mantenido con esos bitcoins hasta el día de hoy, permitiendo que esas inversiones que alguna vez tuvieron un valor de un centavo aumenten a miles de dólares cada una.

Simplemente toma el caso de Erik Finman, quien recientemente se convirtió en un multimillonario a la edad de 18 años, debido a una inversión de $

12 en comprar y mantener que hizo en Bitcoin en 2011. Es bastante irónico, pero a los 12 años, Erik tiró 12 dólares a la olla de Bitcoin y la dejó allí. ¡Y ahora simplemente debido al rápido aumento en el valor de los bitcoins, esos 12 dólares originales, por una inversión sostenida, se han disparado! El Sr. Finman es ahora un joven muy rico por eso.

Pero dicho esto, muchos argumentarían que el apogeo de simplemente comprar bitcoins baratos y mantenerlos para un mayor retorno de su inversión, ha terminado. Dicen que pronto el valor de Bitcoin se estabilizará, y ya no habrá una ganancia importante que se pueda obtener de una estrategia simple de comprar y mantener. Para ellos, simplemente quedarse con Bitcoins está pasado de moda, y se debe utilizar una estrategia mucho más rápida respecto a la utilización de los altibajos del mercado para aprovechar mejor la volatilidad.

Día de Comercio con Bitcoin

El término "Día de Comercio" es simplemente una frase que se refiere a alguien que invierte y luego vende algo, en solo un día. Mucha gente en Wall Street ha ganado mucho dinero mediante la venta rápida de acciones, comprando e intercambiando en un plazo de 24 horas, pudiéndose hacer el mismo tipo de inversión con Bitcoin. Algunos han criticado los esfuerzos a corto plazo por no invertir realmente, sino por llevar a cabo algo más parecido al juego. Consideran que es un juego debido a la rápida tirada de los dados que se sabe que proporciona el comercio del día.

Pero a pesar de la rápida rotación, el comercio diario es una estrategia de inversión real, práctica y proactiva. El día de comercio se especializa en aprovechar los rápidos "movimientos de precios" y me atrevo a decirlo, los "mercados volátiles" a los cuales se a acusado al Bitcoin de pertenecer. No cabe duda de que se sabe que Bitcoin ha hecho algunas fluctuaciones de valor bastante rápidas durante los casi 10 años que ha estado en funcionamiento. El día de comercio te permite saltar a una inversión en su punto máximo diario y luego retirarse rápidamente antes de que todo se derrumbe.

Es por esta razón que algunos incluso llegan a decir que la inversión en Bitcoin fue "hecha" para el día de comercio. Y no se puede negar que la mera conveniencia de poder comerciar y realizar ajustes en la inversión de Bitcoin en cualquier momento del día, en cualquier lugar del mundo, con solo unos pocos toques en la pantalla de un teléfono inteligente, también se ha logrado bastante. (no pretendía hacer un juego de palabras) para facilitar la propensión única de Bitcoin a tener también un potencial de intercambio masivo. Conozco a muchos inversores que han ganado bastante dinero de esta manera, y tú también lo puedes hacer.

Estableciendo unFideicomiso de Inversión Bitcoin

Los fideicomisos de inversión de Bitcoin, o como se los conoce como "BIT", son un gran recurso disponible para todos los inversores de Bitcoin. Estos son fideicomisos que se especializan en recolectar bitcoins, y nada más que bitcoins. Los BIT utilizan una fórmula única para el almacenamiento de sus bitcoins, manteniendo su inversión tan segura como lo sería en un fondo de cobertura convencional. Estos fideicomisos le permiten al inversor distribuir la riqueza y no ser el único depósito de su acumulación de Bitcoin.

Y una vez empleado, puedes literalmente colocar su "confianza" en estos fondos fiduciarios de Bitcoin, ya que hacen todo el trabajo de seguridad y mantenimiento para ti. Es posible que no puedas ajustar todos los detalles de la operación, pero si deseas una forma de inversión a largo plazo que no te mantendrá despierto por la noche, configuratu propio fondo de inversión de Bitcoin. Es sin duda una forma segura de hacerlo. Solo piénsalo, puedes pasar el mejor momento de tu vida en las playas de Hawái, ¡mientras que tu fideicomiso de inversión Bitcoin hace todo el trabajo!

Capítulo 6: Obteniendo las Mejores Billeteras para tu Inversión

A pesar del nombre "Bitcoin", en realidad los bitcoins no son monedas físicas que puedes poner en tu bolsillo, ni facturas físicas que puedes guardar en una billetera, pero aún así utilizan billeteras. La "billetera" de Bitcoin, por supuesto, es simplemente el nombre que se le da a la unidad de almacenamiento digital de bitcoins. Anteriormente en este libro, ya analizamos los conceptos básicos involucrados con este mecanismo, pero ahora en este capítulo exploraremos las opciones de billeteras, así como otras características de seguridad adicionales con más detalle, para que pueda estar tranquilo sabiendo que tus valiosas inversiones en Bitcoin están seguras.

Pon tu Billetera en el Congelador

Si alguien te dice que acaba de poner su billetera de Bitcoin en congelación o "almacenamiento en frío", no significa que la haya metidoen el congelador de su cocina, sino que tiene un depósito virtual de bitcoins que se mantiene completamente fuera de línea. Esta billetera Bitcoin se mantiene a propósito alejada de Internet para que nunca enfrente la amenaza de ser pirateada, atacada o sometida a un código informático malicioso. Piensa en ello como estar a salvo en el aislamiento helado del mundo desconectado.

Después de poner tu billetera en el congelador de esta manera, para que alguien pudiera robar tus bitcoins, tendría que derribar literalmente la puerta de tu casa y robar tu dispositivo físico en frío para poder hacerlo. Y mientras no le anuncies a nadie que tienes miles de millones de bitcoins almacenados en una computadora fuera de línea, ¡no deberías tener nada de qué preocuparte! Y esto puede sonar como algo obvio, ¡pero no te pongas a anunciar en Facebook tu fortuna en bitcoins! Solo mantén los bitcoins que posees en secreto y todo debería estar bien.

Recuerdo una historia que escuché recientemente sobre una casa que fue robada. Al parecer, el propietario de la casa tenía una cantidad considerable de bitcoins, pero el ladrón, no el más hábil de los delincuentes, no sabía nada al respecto. ¡El tipo robó un televisor de pantalla plana y 54 dólares en efectivo, pero dejó intactos los bitcoins por valor de casi un millón de dólares! Con todo lo malo que haya sido el robo a su casa, gracias a las prácticas de almacenamiento en frío de este inversor y sus bitcoins en congelación, pudo canjear sus bitcoins y volver a la cima.

Y puesto que es posible generar nuevas claves

privadas sin acceso a Internet, debesmantener tu billetera en un estado de congelación, de manera indefinida. Todo lo que tienes que hacer es descargar un programa de billetera en un dispositivo separado, y luego usarlo para crear claves privadas sin conexión, antes de guardarlas en un dispositivo adicional que nunca haya estado conectado a Internet. Estas claves se encuentran ahora en un estado de almacenamiento en frío perfectamente congelado, completamente intacto y protegido contra cualquier amenaza de penetración dañina del mundo exterior. ¡Así que adelante, amigos, y pongan su billetera en la congelación!

Elabora una Billetera de Papel

Cuando se trata de asegurar tus bitcoins, uno de los medios más simples, pero más seguros para ello, puede ser ¡anotarlo todo en un papel! ¡Está bien! Simplemente apúntalo en tu cuaderno (uno de papel) y guárdalo en algún lugar seguro de tu hogar u oficina. Solo asegúrate de no etiquetar la billetera de papel con obsequios obvios como "¡Hey! ¡Este pedazo de papel es la clave de todos mis bitcoins!", Y nadie debe saberlo. Así, incluso si alguien lo viera, probablemente ni siquiera sabría de qué se trata.

Y para confundir aún más a la gente, podrías anotar las claves en medio de otras notas, para hacerlas indescifrables. Pero hagas lo que haga, solo asegúrate de hacer algunas copias clonadas en una memoria USB o en algún otro medio, en caso de que tu billetera de papel se pierda, acabe en la basura o se destruya. ¡Porque no sería muy divertido descubrir que accidentalmente arrojaste miles de bitcoins al basurero el día de la basura! Mantén siempre tu billetera de papel en un buen lugar para que esto no suceda.

Prueba con una Billetera de Hardware

Las billeteras de hardware son dispositivos separados, con la forma de una unidad de memoria USB, que pueden funcionar para crear nuevas claves privadas sin conexión. Puedes guardar estas claves privadasde manera segura en este dispositivo, y luego, cuando las necesites, simplemente insertas la unidad de memoria en su PC y la utilizas para realizar transacciones comerciales con tus bitcoins. Puesto que las claves privadas están bloqueadas dentro de un dispositivo fuera de línea, se elimina la amenaza de robo cibernético. Tu billetera de hardware utiliza un pequeño elemento denominado "firma de transacción" para que todo pueda verificarse fuera de línea, sin necesidad de una conexión a Internet.

Para enviar tus bitcoins, todo lo que tienes que hacer es enchufar el dispositivo y presionar un interruptor físico en el dispositivo y tus bitcoins estarán en camino. Es por esta razón que me gusta llamar a la billetera de hardware un dispositivo de "enchufar y pagar", porque realmente es así de fácil. Si deseas comprar algo, simplemente sacas tu billetera de hardware, la conectas y pagas. Una marca de billetera de hardware en particular, ha estado haciendo algunas olas últimamente; Se llama "Trezor".

La billetera Trezor es conveniente y es increíblemente segura. Trezor se puede conectar directamente a cualquier dispositivo y permanecer completamente a salvo de virus y otros programas maliciosos. Este dispositivo tiene un bloqueo sólido y no permite nada dentro o fuera de él, a menos que sea autorizado por el usuario. Esto significa que puedes conectar a este chico malo a una computadora llena de virus, ordenarle que envíe bitcoins a una designación específica, y que no se infiltre ningún código malicioso en tu billetera. La facilidad de uso y la seguridad de la billetera de hardware realmente valen la pena, y vale la pena tu tiempo e inversión.

¡Yo mismo tuve uno de estos cuando fui a Grecia el verano pasado, y me sorprendió gratamente encontrar cafeterías en Atenas que eran completamente compatibles con Trezor! A medida que Bitcoin se vuelve más común en todo el mundo, encontrará que tanto las billeteras como los dispositivos de hardware son cada vez más frecuentes. ¡Así que ahora es el mejor momento para invertir en tu propia billetera de hardware!

Ten Cuidado con las Billeteras Para Teléfonos Móviles

Hoy en día podemos descargar una aplicación para casi cualquier cosa en nuestros teléfonos, por lo que, por supuesto, las aplicaciones de billetera para Bitcoin eran casi inevitables. A muchos les encanta la comodidad de tener sus bitcoins cargados directamente en sus teléfonos, pero por esta facilidad de acceso, está asumiendo un peligro mucho mayor que con otros métodos de almacenamiento. Las billeteras móviles son extremadamente populares, pero estos repositorios itinerantes de direcciones de bitcoin conllevan un peligro evidente.

Todo lo que puedo decir es: si eliges llevar tus bitcoins en tu teléfono móvil, asegúrate de que este tenga un sistema operativo actualizado y lo último en protección antivirus. Porque si pierdestu teléfono, o se daña de alguna manera, estarás perdiendo un poquitín (juego de palabras). Así que incluso si deseas usarla, debes tener mucho cuidado con las billeteras de los teléfonos móviles. Y si insistes en usarlo, ¡trata de no perderlo! Porque una vez que pierdes la billetera del teléfono móvil, lo más probable es que no vuelvas a ver los bitcoins que contiene.

¡Utiliza tu Billetera Cerebral!

Bueno amigos, Si pensaste que la billetera cerebral era un dispositivo de almacenamiento de alta tecnología, lamento decepcionarte, cuando los usuarios de Bitcoin hablan de usar una "billetera de cerebro", ¡se están refiriendo literalmente a tu propio cerebro! ¡Sí, ese trozo de materia gris de 3 libras situado entre tus orejas puede ser un dispositivo de almacenamiento bastante útil! Si tienes buena memoria, y siente que podrías enviar a tu memoria tus cadenas de claves privadas de letras y números aleatorios, la billetera cerebral, como se le suele llamar, sería el medio de almacenamiento más efectivo posible.

Porque, a menos que encuentres a algunos ladrones psíquicos de Bitcoin en algún lugar, capaces de extraer datos de tu cerebro de forma vampírica, una vez que tus claves privadas estén en tu memoria, ¡no es posible que alguien te saque esa información! Para facilitar aún más las cosas, simplemente puedes memorizar una "clave maestra" que sirva para abrir todas las demás claves privadas. Esto debería proporcionarte la mayor comodidad y seguridad si es posible.

Por supuesto, si alguien adivinara de alguna manera tu clave maestra y de repente tuviera acceso a todas tus claves privadas a la vez, tendrías un día muy malo. ¡Pero las probabilidades de que alguien, literalmente, hackee tu cerebro son astronómicas! Con tus claves almacenadas de forma segura en el antiguo noggin, ¡los malos simplemente no podrán piratearlas! Mantén esos bitcoins en tu propio espacio mental. Si tienes buena memoria, ¡usa tu billetera cerebral!

Capítulo 7: Invirtiendo en Intercambios de Bitcoin

A lo largo de todos los cambios en Bitcoin a lo largo de los años, todavía hay pocos medios de intercambio para los inversores en el ecosistema de Bitcoin. Esos tres modos principales son una básica, "transferencia individual", transferencias a través de "intermediarios", y transferencias realizadas a través de "cambios de divisas" específicos. A continuación, enumero todos estos ejemplos explicados con un poco más de profundidad.

Invertir en las Plataformas de Cambio de Divisas

Con más frecuencia que cualquier otro método, los inversores utilizan las plataformas de cambio de divisas disponibles comercialmente para realizar sus negocios. Pero, aunque los principiantes las utilizan mucho, las cosas a menudo pueden ser un poco abrumadoras. Toma "Coinbase", por ejemplo. Coinbase es actualmente uno de los nombres más importantes y tiene algunas de las mejores características disponibles para los inversores principiantes. La seguridad proporcionada por Coinbase no puede ser superada, y el seguro de depósitos es absolutamente fantástico.

Sin embargo, se ha criticado a Coinbase, principalmente por fallas y problemas de mantenimiento con su sitio y servidor. Sin embargo, registrarse es bastante fácil: todo lo que necesitas es una frase de contraseña y una identificación de usuario, y estás listo para comenzar. Tan pronto como hayas iniciado sesión, puedes comenzar a intercambiar inmediatamente tus Bitcoin por la cantidad que elijas. También puedes descargar una aplicación llamada "Authy" que utiliza 2 modos de identificación, lo que te permite moverte rápidamente dentro y fuera del intercambio cuando lo desees, desde cualquiera de tus dispositivos.

Estos dos métodos de identificación son un excelente medio de seguridad. Solo asegúrate de recordar lo que son. Recuerdo que una vez olvidé una de mis contraseñas para identificarme, ¡y casi tuve un ataque al corazón! ¡Pensé que estaba a punto de perder todos mis bitcoins! Pero afortunadamente, después de unos momentos, pude recordarla. Entonces, que sea una lección para ti, jamás olvides tu contraseña. Pero, en cualquier caso, como puede ver, hay muchas maneras de coordinar tus inversiones a través de las plataformas de cambio de divisas.

Invirtiendo con Intermediarios Financieros

En el ecosistema de Bitcoin, los intermediarios

167

financieros sirven para asumir un papel que precisamente han tratado de evitar quienes han adquirido Bitcoins; "El intermediario". Pero dicho esto, si eres relativamente nuevo en la inversión en Bitcoin, tener un veterano que conozca las cuerdas, parado en tu esquina, puede hacer bastante por tu estado de resultados. El inconveniente, por supuesto, es el hecho de que estarás relegando su proceso de toma de decisiones a otra persona. Estos intermediarios suelen apuntar a la primera oferta que ven en función de la valoración reciente.

No hay ninguna negociación involucrada en el proceso, se trata de una operación muy básica de recuperación y captura. Es por esta razón que los inversores más experimentados entre nosotros evitarían usar un intermediario financiero de este tipo. Para el inversor más versado, es mucho más rentable controlar las riendas por su cuenta para que pueda navegar por las olas a medida que van y vienen en el mercado. El objetivo principal de un intermediario es no hacer nada matizado en absoluto, sin embargo, están ahí solo para hacer el trabajo y para asegurar que tu intercambio se complete de manera oportuna.

Entonces, en pocas palabras, si eres un principiante, podrías beneficiarte, pero si tienes más experiencia, quizás no tanto. Realmente depende de tu propio nivel de habilidad personal.

Evalúa dónde te encuentra en cuanto a tus hábitos de inversión y decide por ti mismo si estos intermediarios serían adecuados para ti. Es una llamada personal, así que tienes que sopesar las opciones y ver qué es lo que funciona.

Realiza Transferencias Individuales

Participar en transferencias individuales es el medio más simple y más descentralizado de intercambio de Bitcoins en que podrías participar. Con intercambios te reúnes con usuarios individuales realizas intercambios personales con ellos en el momento. Muchos visitan sitios como "LocalBitcoins.com" para reunirse con otros inversionistas de Bitcoin al momento. Las ubicaciones físicas independientes se pueden utilizar puntos de encuentro, como McDonalds, o similares. Solo asegúrate de que, dondequiera que se encuentren, estén en el ojo público, con mucha gente y muchos testigos oculares, en caso de que algo salga mal.

Además, nunca aceptesreunirte con personas que no conoces en su hogar y nunca invites a extraños a tu casa. El amor por la inversión en Bitcoin a veces nos puede llevar muy lejos, y hacer que pongamos en riesgo nuestras vidas por la promesa de unos pocos bitcoins miserables, lo cual realmente no vale la pena. Reunirse con un extraño para intercambiar bitcoins es como un encuentro en el OK Corral y alguien tiene que hacer el primer movimiento. Bueno, en el caso de estas inversiones, es el vendedor el que primero saca el dinero. No porque sean más rápidos en el gatillo o algo así, no deberías dudar en hacer clic en el botón de su billetera de Bitcoin tan rápido como este lo haría.

La razón por la que pueden hacer el primer movimiento se debe al hecho de que depende del vendedor estipular la cantidad de Bitcoin que está dispuesto a transferir. A partir de esta oferta inicial, tú puedes realizar ofertas de contraataque hasta que se acuerde un número determinado de bitcoins. Tu socio en este acuerdo puede marcar el pedido en su dispositivo y enviar bitcoins directamente a tu dirección personal de Bitcoin. Para los intercambios con cantidades elevadas, debes emplear un depósito en garantía, de modo que puedas tener una entidad neutral que no sea parte del acuerdo que se está realizando, debes retener los fondos hasta que la transferencia haya terminado su curso.

Una vez que los bitcoins se envían a alguien, no se puede "cancelar el envío", es absolutamente crucial que estés seguro de lo que estás haciendo antes de realizar cualquier acción. Los escrows son una medida adicional para asegurarse de que todo esté en su lugar antes de hacer clic en ese botón para enviar esos bitcoins. Los depósitos en garantía proporcionan esa capa adicional de seguridad. Esta podría ser una opción importante para tener en cuenta si, y cuándo, decidas realizar transferencias individuales.

Usando Intercambio de Ethereum

La plataforma de intercambio que proporciona Ethereum permite que se puedan llevar acabo algunas transacciones bastante fluidas. Lo mejor de Ethereum es que es de código abierto y puede reprogramarse a voluntad, y adaptarse a un bloque de datos limpio y conciso. Al igual que Bitcoin, los intercambios de Ethereum hacen uso de un "libro mayor público" especial que se puede ver desde cualquier punto en Internet. Más importante aún, Ethereum hace uso de "contratos inteligentes".

Estos contratos generalmente se crean a través de los programas java y python. Los contratos inteligentes de Ethereum otorgan la infalibilidad de la cadena de bloques al intercambio. No solo eso, estos contratos inteligentes pueden usarse para el crowdfunding, las carteras de múltiples firmas e incluso las subastas ciegas. Si esto suena como el tipo de inversión en la que estarías interesado, siéntete libre de experimentar y utiliza los intercambios con Ethereum en la medida de lo posible. Un medio como el Ethereum Exchange podría convertirse en un gran activo para tu inversión.

Capítulo 8: Invirtiendoen la Cadena de Bloques

Como ya se ha mencionado en este libro, la "cadena de bloques" es la innovación tecnológica en la que se realizan todas las inversiones de Bitcoin. Al igual que la piedra, los bloques monolíticos, estos bloques de datos están tallados y vinculados entre sí en todo el ecosistema de Bitcoin. Con tal influencia ineludible, podría decirse fácilmente que invertir en Bitcoin es lo mismo que invertir en la propia Cadena de bloques, por lo que en el presente capítulo exploraremos este concepto un poco más en profundidad.

Tallando tu Primer Bloque en la Cadena

Cada bloque en la cadena de bloques tiene algo llamado "hash". En el mundo de la cadena de bloques, esto es algo parecido a una marca de tiempo. Este hash muestra exactamente cuándo se realizó una transacción, y está tallado en la piedra "digital" de ese bloque para siempre. No hay forma de que este bloque pueda ser duplicado o modificado. Esto es, por supuesto, lo que hace que la cadena de bloques sea tan segura.

Y cuando creas tu propio bloque en la cadena por primera vez, estás creando tu propio testimonio sobre tu inversión en Bitcoin. Solo piénsalo, dentro de cientos de años, ¡tus bloques de datos de inversión aún estarán incluidos en la cadena! ¡En mi opinión, ese solo hecho hace que valga la pena la inversión! ¡Con la cadena de bloques estarás forjando tu propio destino conun bloque a la vez!

Invirtiendo en el Libro Mayor Público

Invertir en el libro mayor público de la cadena de bloques es algo que todos los involucrados en Bitcoin terminarán haciendo, por lo que también podría ser discutido. Este libro de contabilidad servirá como registros de reserva de todos los datos financieros compartidos entre todos los inversores en la plataforma Bitcoin. Una gran cantidad de datos se comparte entre estos inversores de Bitcoin, y es el libro de contabilidad público de la cadena de bloques la entidad que los facilita.

La cadena de bloques permite que las transacciones financieras se realicen sin problemas desde cualquier parte del mundo. La genialidad de la cadena de bloques, es que siempre los usuarios comparten información específica relacionada con una transacción, pero al mismo tiempo, no hay información personal comprometida que se haya revelado en el proceso. Esto significa que el libro mayor público funciona como una fábrica de autopartes en la que varios departamentos se encargan de todoa la vez, ¡pero ningún departamento sabe lo suficiente como para fabricar el auto!

Aunque ciertas partes del libro de contabilidad contienentus datos, no hay suficientes como para que un intruso pueda recabar información comprometida. Todo lo que verían era una marca de tiempo que indica el momento de una transacción, pero no sabrían quién la realizó y con qué propósito se hizo en primer lugar. Este tipo de seguridad en línea no puede ser mejor. ¡Esto hace que el libro mayor público de la cadena de bloques sea una inversión muy sabia, de hecho!

Invertir con Consenso
Cualquier buen inversor sabe que tener consenso entre colegas y una clientela potencial es un componente crítico de cualquier inversión exitosa. Y cuando se trata de Bitcoin, es la cadena de bloques la que proporciona este consenso. Solo piénsalo por un momento, como ya lo hemos discutido, la cadena de bloques nos proporciona muchas características críticas para una inversión saludable.

Es la cadena de bloques que nos da la "prueba de compra", las "firmas múltiples", y es la cadena de bloques que incluso nos da una solución al clásico "Problema Bizantino" de la comunicación, al permitir que varias partes del ecosistema de Bitcoin puedan comunicarse y trabajar en conjunto unos con otros. También es la cadena de bloques la que nos permite alcanzar ese consenso siempre valioso que debemos alcanzar para tener éxito con nuestros pares y nuestra inversión.

Inversión Global en el Negocio Final de la Cadena

En nuestra economía global, la visión de los negocios internacionales ha sido durante mucho tiempo una marca registrada de los inversionistas exitosos. La cadena de bloques funciona bien para la agilización de cualquier transacción comercial. La distancia se reduce y las fricciones se suavizan. No solo en un mercado global, se deben reducir las vastas distancias, sino también las enormes disparidades entre clientela y cultura. Es la facilitación segura de la cadena de bloques lo que hace todo esto posible.

La cadena de bloques permite innovar a la hora de cancelar modos antiguos de discurso global. El libro mayor público de la cadena toma nota de todos los matices del comercio de larga distancia sin necesidad de aportes adicionales de nadie más. Y dado que los portales de acceso están todos sellados en el tiempo para tu aprobación, nunca tendrás que preocuparte de que alguien intente engañarte para la realización de una transacción falsa. ¡Debido a esta simplificación, seguridad y conveniencia, la inversión global en el extremo empresarial de la cadena de bloques no podría ser mejor!

Capítulo 9: Manteniendo Segura tu Inversión en Bitcoins

La seguridad para la plataforma Bitcoin en sí, no debería ser un problema. Hasta el momento, nadie ha podido hackear la cadena de bloques. Y de acuerdo con los expertos en el campo, la cadena de bloques es tan inexpugnable, que nadie en el futuro previsible podrá hacerlo. Pero además del pirateo de la cadena de bloques, existen otras formas en que tu seguridad podría verse comprometida. Aquí, en este capítulo, nos centraremos en algunas de las causas más probables que pueden afectar la seguridad y en cómo puedes remediarlas para asegurarte de que siempre mantengas segura tu inversión en Bitcoin.

Así Mantiene Segura tu Inversión la Cadena de Bloques

La belleza de la cadena de bloques es el hecho de que corta los datos en fragmentos o "bloques" de datos claramente definidos, todos vinculados al primer bloque creado por el mismo Satoshi Nakamoto. Cada bloque posee una marca de tiempo,la cual no se puede modificar. Como un bloque de piedra, cincelado para siempre, todas las transacciones se imprimen permanentemente en su bloque respectivo en la cadena. Esta cadena es sólida como una roca y no puede ser manipulada desde el exterior.

Si alguna vez te preguntas quién y cuando compró qué, todo lo que tienes que hacer es echar un vistazo a la cadena de bloques. Hasta ahora, esta cadena de bloques ha demostrado ser inexpugnable. Los más formidables piratas informáticos han intentado introducirse a la cadena, pero siempre han fracasado. La confiabilidad de estos bloques seguros de datos transaccionales ayuda a garantizar que el fraude y las transacciones duplicadas de manera accidental se arreglen y se redirijan a algo más útil. Así es como funciona la cadena de bloques para mantener tu inversión segura.

Asegura Todas tus Claves Privadas
La pérdida o robo de una clave privada representa el mayor peligro para la seguridad de Bitcoin que existe. Porque a pesar de que los piratas informáticos no pueden entrar por la fuerza en la cadena de bloques, si les das la llave de la puerta principal, ¡no tienen por qué forzarla! Una vez que una clave privada se ha perdido, ha sido robada o comprometida, representa un grave riesgo de seguridad. Solo tomemos el caso de Mark Karpeles y Mt. Gox por ejemplo.

Mark erael antiguo administrador de "Mt Gox", la cual funcionaba como una plataforma de intercambio de Bitcoin muy exitosa y popular en el campo. Todo esto cambió cuando alguien robó una de las claves privadas de Mark y la usó para causar estragos en toda la plataforma. Se extrajeron millones de bitcoins, y Mt Gox nunca se recuperó del todo de este pequeño lapso en su seguridad, y finalmente tuvo que cerrar.

Por tanto, aprende esta lección de Karpeles y Mt. Gox: si a un administrador de Bitcoin en la cima de la montaña le pueden robar sus credenciales, cualquiera puede ser también víctima de esto. Mantén tus credenciales en un lugar seguro y no anuncies su existencia a nadie, ¡ni siquiera a tu mejor amigo! Porque al final del día, la verdadera moraleja de la historia es simple: ¡siempre asegúrate de proteger todas tus claves privadas!

Utiliza Firmas Digitales
Los bitcoins no se pueden enviar si no tienen una firma digital válida. En realidad, esto es un hecho de la vida en el ecosistema de Bitcoin: no hay ninguna excepción. Esta función de seguridad se ha implementado para garantizar que aquellos que están haciendo inversiones con sus Bitcoin son los que tienen la propiedad de ese activo. Lo mejor de una firma digital es que te permite realizar transacciones seguras y sin problemas, sin ninguna otra información de identificación que la propia firma, debiendo esta estar involucrada.

No necesitas mostrar una identificación con foto, no tienes que dar tu número de seguro social, todo lo que necesitas es tu firma digital única y podrás ponerte en marcha sin demora. Las claves digitales también pueden servir como una representación directa de tu clave privada. Solo utilizastu dirección pública para fines de autorización, y luego presentastu firma digital como un representante independiente de tu clave privada asociada con esa dirección pública.

Y si temes que alguien pueda simplemente falsificar tu firma digital, ¡ni siquiera lo pienses! ¡Esto es completamente imposible! Incluso si pudieran hacer una copia del 100% de una de sus firmas, no importaría, porque se requiere una nueva firma digital para cada transacción. Y como cualquier buen experto en escritura a mano sabe, ¡ninguna firma es exactamente la misma! Por lo tanto, a menos que puedan ver el futuro y copiar una firma que ni siquiera hayas firmado todavía, nadie podrá usar de manera fraudulenta una firma digital.

Ten Cuidado con los Ladrones de Tiempo
La cadena de bloques está protegida de manera absoluta contra la infiltración, pero no siempre puedes evitar la interrupción. Y si estas interrupciones se llevan a cabo en el momento equivocado, pueden perturbar gravemente todo

el sistema. Una de las más comunes de estas interrupciones intencionadas se denomina "secuestro del tiempo". Este término se refiere a aquellos usuarios infames que intentarán interrumpir la "marca de tiempo" de una transacción, intentando alterar la cronología percibida en la cadena.

Si tienen éxito en la deformación de una marca de tiempo solamente, pueden causar que toda la plataforma se interrumpa temporalmente. La interrupción en esta escala puede conducir a casos peligrosos de "doble gasto". Estas instancias se corrigen tan pronto como ocurren, pero aun así pueden ocasionar grandes inconvenientes y problemas innecesarios en tu inversión.

Cuidado con los Mineros Egoístas
Los mineros egoístas no son solo las personas que se niegan a compartir la cafetera, son el tipo de redes mineras de Bitcoin que acaparan una gran cantidad de la cadena de bloques y expulsan a toda la competencia. Esto lo llevan a cabo haciendo que su margen de ganancia parezca más grande de lo que realmente es. Este grupo luego guarda egoístamente este bloque para sí mismo, sin permitir que nadie más lo intente.

Si estos mineros egoístas no son combatidos, pueden obstaculizar enormemente todo el proceso de minería de Bitcoin para todos los demás involucrados en la red. No dudes en informar de inmediato acerca de cualquiera que creas que está participando en esta perturbadora actividad. Solo se necesita una manzana mala para estropear el grupo, pero también se necesita un buen samaritano Bitcoin para reportar y mantener a salvo el resto del lote.

Evita los Ataques DOS
El DOS (denegación de servicio) es un verdadero hackeo clásico que a los presuntos promulgadores de interrupciones les encanta lanzar contra la red Bitcoin. Los perpetradores lanzan repetidamente DOS contra los servidores de Bitcoin, por lo que estos tienen que cerrar. La red tiene robots "anti-dos" especiales para actuar contra estos ataques, pero la amenaza aún permanece. Dicho esto, lo mejor que cualquier inversor de Bitcoin puede hacer es mantener la oreja pegada al suelo, estar atentos e informar sobre cualquier cosa fuera de lo común para que puedas ayudarte a ti mismo y a otros a evitar estos ataques de DOS.

Evita que tu Computadora se Convierta en un

Minero Zombiede Bitcoin
Muchos se han quedado desagradablemente sorprendidos al descubrir que su computadora se

ha reducido a nada más que un minero zombi para Bitcoin. ¿Como sucedió esto? De la misma manera en que su computadora podría infectarse con cualquier número de virus o malware. A través de una combinación de configuraciones de seguridad defectuosas y haciendo clic en un enlace defectuoso. Así es, si recibes por correo electrónico enlaces extraños sobre LinkedIn, Skype o cualquier nombre de compañías de renombre, que piden que hagas clic en dichos enlaces. Ignóralos.

Ha habido una reciente oleada de piratas informáticos falsos que falsifican estas conocidas marcas, con el fin de incitarte a hacer clic en sus enlaces, simplemente para engañartecon el objeto de instalar un código informático malicioso en tu computadora. Este código luego se integrará en su disco duro y, sin que lo sepa, utilizará tu GPU para extraer bitcoins. Todo esto se hace de manera encubierta, utilizando procesos profundos en tu computadora, y al principio ni siquiera lo notarás. Al principio, cuando este código malicioso se anide en tu preciosa PC, no lo notarás.

Pero luego, a medida que su computadora continúe usando tu precioso poder de procesamiento para participar en estas acciones nefastas y preprogramadas, ¡la tensión de la minería de sus computadoras zombis surgirá en forma de una PC increíblemente lenta y en constante caída! Esto se ha convertido en un problema muy real para los inversores de Bitcoin en todo el mundo, y se estima que hay una verdadera milicia activa de estas PC zombificadas en toda la red de Bitcoin.

Aquellos que están a cargo de la plataforma Bitcoin todavía están tratando de encontrar la mejor manera de manejar esta amenaza, pero mientras tanto, puedes hacerles un gran favor. Si ves algún correo electrónico o mensaje de alguien que no conoces y no estás esperando, ¡ni siquiera lo abras! Como se mencionó anteriormente, estos correos electrónicos probablemente tienen enlaces llenos de códigos malicioso. ¡Así que evítalos como si fuera una plaga! ¡De esa manera evitarás que tu computadora se convierta en otro minero Zombie de Bitcoin!

Capítulo 10: Áreas Futuras de Oportunidad e Inversión en Bitcoin

Es difícil creer que Bitcoin pronto cumplirá 10 años. Pero el tiempo avanza, y también lo hace la oportunidad. Y a medida que la tecnología, la cultura pop y la infraestructura civil convergen para hacer que Bitcoin sea aún más factible, se presentarán nuevas innovaciones en lo relativo a esta criptomoneda. Aquí, en este capítulo, describiremos todo el potencial futuro de oportunidades e inversiones en Bitcoin.

El Futuro del Comercio y las Inversiones con Bitcoin

Invertir con Bitcoin definitivamente tiene sus ventajas y desventajas, pero el mayor inconveniente sigue siendo la actitud de los proveedores oficiales de comercio. A pesar del rápido ascenso de Bitcoin hacia la cima, todavía hay una cierta inquietud, e inclusoprejuiciospor parte de los grandes minoristas y corporaciones, en lo que respecta a Bitcoin. Como resultado, Bitcoin a menudo ha sido relegado como un vehículo de almacenamiento de valor, de manera parecida a las acciones y bonos en lugar de una moneda real en sí misma.

Por tanto, la mayoría de los inversores solo guardan sus bitcoins con el deseo de acumular riqueza que algún día se pueda convertir en dólares. Incluso el código impositivo actual de los EE. UU. Refleja esta percepción popular de Bitcoin, el cual no se clasifica como una moneda sino como un activo, similar a los bienes raíces, acciones o bonos. Esta es la mentalidad que prevalece en la actualidad, pero también está evolucionando, y se estima que más de 80,000 compañías y corporaciones están realizando comercio directo con Bitcoin.

Y como inversionistas es posible que tengamos que prepararnos para el largo plazo, pero al final, esta es una tendencia ascendente, y solo continuará en el futuro a medida que las personas se sientan más cómodas con Bitcoin. Pronto, cada tienda en la esquina y cada sitio en el ciberespacio aceptarán bitcoins. Es cierto: no se puede detener el progreso, ¡pero es seguro que puedes invertir en ello!

Creemos en la Criptografía—La Creciente Fe Monetaria en Bitcoin

Desde la creación de Bitcoin en 2008, el mundo se ha recuperado de varias crisis y colapsos económicos. Pero Bitcoin ofreció algo, más que un grupo de banqueros gordos para supervisar nuestras finanzas, Bitcoin nos brindó una ecuación criptográfica matemática inmejorable.

También nos dio la cadena de bloques y un medio para realizar transacciones seguras en todo el mundo, sin la supervisión de ningún banco central ni autoridad alguna.

Esta descentralización, a su vez, garantiza que no haya administradores corruptos detrás de la escena, lo que crea volatilidad e inflación mediante la manipulación de la moneda. No se puede imprimir Bitcoin, y hay una cantidad finita de ellos en circulación, por lo que la inflación es imposible. En comparación con otros sistemas monetarios inflados y tensos que se usan en la actualidad, muchos están experimentando un gran aumento en su fe monetaria en Bitcoin

La Flotación de Bitcoiny el Fondo de Cobertura Inflacionario

Si alguna vez has jugado con el mercado de valores, sin duda sabrás un poco sobre los fondos de cobertura. Estos baluartes financieros se ponen en marcha para crear un activo seguro de estabilidad en aguas financieras turbulentas. Estos activos han sido de todo, desde el sector inmobiliario y la joyería de alta gama, hasta el sector del gas, petróleo y carbón. Bitcoin también encaja bien como un activo estable para flotar a través del monzón de la agitación económica.

De hecho, Bitcoin es tan estable en aguas

financieras con problemas que a veces se le conoce como el gran "Flotador de Bitcoin". Este toque adicional de capital de inversión es suficiente para la gente se estabilice durante las caídas significativas en la economía. Es un accesorio confiable durante la volatilidad. Bueno, en cualquier caso, no importa lo que pase, ¡puedes utilizar este dispositivo de flotación de Bitcoin para superar todo!

Hazte rico con Préstamos Directos

Si alguna vez sacaste algún préstamo estudiantil en la universidad, sin duda participaste en el extremo receptor de los préstamos directos. Recibiste un préstamo directo del gobierno para pagar tu matrícula. Pero Bitcoin hace las cosas aún más interesantes cuando lo usas para invertir en préstamos directos. Cuando inviertes en uno de los principales prestamistas de Bitcoin, "Bitbond", por ejemplo, puedes enviar préstamos a pequeñas empresas y realizar otras inversiones comerciales importantes, ¡solo con unos pocos clics del mouse!

Una vez que obtienes estos préstamos, puedes terminar haciendo un poco de dinero con los intereses que se acumulen. En el mundo de las finanzas y la inversión, el interés acumulado es el regalo que se sigue dando. No importa dónde te encuentres o lo que estés haciendo, como un cheque regular de regalías, ¡este interés le sigue dando sus frutos! ¡Adelante, amigos, y háganse ricos con préstamos directos!

Aprovecha las Oportunidades con un Buen Afiliado Bitcoin

Puedes ganar bastante una vez que tengas un buen programa de afiliados en tu esquina. Pero, ¿qué son los afiliados de Bitcoin y qué es lo que hacen? Los afiliados son una herramienta de marketing que los inversores pueden usar para ayudar a generar clientes potenciales para sus inversiones. Son como una empresa de publicidad que trabaja incansablemente para tu balance final. Si deseas obtener un seguimiento de tu inversión, definitivamente deberías buscar asociarte con un buen afiliado de Bitcoin.

Alistándonos Para la Economía de la Inteligencia Artificial

Nos guste o no, todo lo que sabemos sobre el mundo está a punto de emprender una transformación bastante interesante, y una combinación de Bitcoin e Inteligencia Artificial, también conocida como "IA", jugará un papel fundamental en ello. Y los inversores deben ser conscientes de que el próximo "internet de las cosas" es un verdadero cambio de juego. Cada hogar pronto será una red interconectada de objetos inanimados administrados por la IA.

Podemos ver a los precursores en forma de "Amazon Echo" y "Google Home", pero esto es solo el comienzo. Pronto todo en nuestro hogar será interactivo y conectado a la inteligencia artificial. Podrás levantarte, entrar a tu baño y decirle a su ducha "¡Agua caliente!" Y el agua caliente saldrá de turegadera. Lo creas o no, la mayoría de los analistas está de acuerdo, en un futuro muy próximo, casi todos los aspectos de nuestras vidas quedarán relegados a interfaces automáticas conectadas a la IA.

Esto también se aplicará fuera de la casa. Bajarás a tu tienda local de donas y hablarás con un robo-dron (tipo robótico del futuro) que trabaja en el mostrador, "me gustaría una dona crispy creme por favor" y el dron se escurrirá hacia la parte de atrás para traerte tu rosquilla su rosquilla crispy creme. Tienes que pagar por eso, pero este robot no tomará dinero, ¡ni siquiera tiene manos! ¡Pero tiene un gran código QR encima de su cabeza! ¿Entonces, Qué es lo que haces? Deslizarástu teléfono como un escáner de código de barras en la parte superior del tipo robótico.

Tan pronto como la aplicación del escáner de tu teléfono detecta el código QR, liberará la cantidad apropiada de bitcoins, y luego el robo-drone liberarátu rosquilla y serás libre de seguir tu camino, con su deliciosa crispy creme a tu alcance. El flujo de este comercio futuro es preciso y coherente, y todo buen inversor debe prepararse para la próxima economía de inteligencia artificial.

Capítulo 11: Algunas Opciones más Para tu Portafolio de Inversiones en Bitcoin

A medida que llegamos al final de este libro, aquí en este capítulo me gustaría dedicar un tiempo a analizar algunas opciones de inversión adicionales que tal vez no hayas considerado y que tal vez no encuentres en otro lugar. Algunas de las ideas presentadas aquí pueden no resultarte adecuadas. Pero cuando se trata de tu cartera de inversiones, siempre debe dejar todas las opciones sobre la mesa.

Diversifica tu Portafolio con Monedas Alternativas

Sé que este libro trata de inversiones en Bitcoin, pero lo que la gente no entiende es que las monedas alternativas se pueden usar como una contra inversión efectiva y son una excelente manera de diversificar tu cartera de inversiones. De todas las monedas alternativas, Ethereum es probablemente la más popular de estas. Ethereum se divide en denominaciones individuales llamadas "ethers". Estas transacciones se mantienen luego en acuerdos contractuales a largo plazo entre el inversionista y el cliente.

Una cosa que a muchos les gusta de Ethereum es el hecho de que es una multitarea real que permite a aquellos que lo usan participar en más de una transacción a la vez. Por tanto, si eres un tipo ocupado como yo, podrías beneficiarte enormemente del uso de estas monedas alternativas. Solo toma el ejemplo de "Litecoin". ¡Esta Alt Coin puede agregar trozos de datos a la cadena de bloques en solo dos minutos! ¡Esto ciertamente supera el tiempo estándar de Bitcoin de diez minutos!

También puedes buscar otro tipo de moneda alternativa llamada "Master Coin", esta, por ejemplo, funciona como un pase maestro, que trata de optimizar cada transacción al máximo. La moneda maestra, como si fuera una clave privada, también funciona como un fondo de código abierto para el ajuste adecuado de otras monedas. Encontrarás que la clave maestra llamada Master Coin abrirá muchas más posibilidades para su inversión.

Sobre todo, el uso de monedas Alt es una excelente manera de diversificar tu cartera y, en última instancia, te ayudará a proteger tus inversiones de la incertidumbre. Digamos, por ejemplo, que combinastus Bitcoins con unoscuantosLitecoins; si el Bitcoin más adelante pierde un 20% en valor, es muy probable que tu inversión en Litecoin aumente para equilibrar la pérdida. ¡No inviertas en una sola canasta, usa monedas alternativas para diversificar!!

Fondos Negociados en Bolsa

Las inversiones en fondos cotizados en bolsa, también conocidas como "inversión ETF", sirven como una entidad profesional de supervisión. Los ETF no deben confundirse con los fondos mutuos, ya que este tipo de fondos son parte integrante de la bolsa de valores. Recientemente, en octubre de 2017, se anunció que los inversores de Bitcoin podrán tener su propia porción del pastel de la ETF, ¡incluso si no son propietarios de bitcoins! Como puedes ver, los fondos cotizados en bolsa siguen siendo una función extremadamente nueva del ecosistema de Bitcoin, ¡por lo que es el momento oportuno para subirse a bordo!

Realiza inversiones con Bit Connect

Otra gran opción de inversión para tu cartera de inversión de Bitcoin es "Bit connect". Simplemente descarga la aplicación desde bitconnect.com y tendrás un panel completo de opciones de inversión para elegir. Bit Connectte permite emplear robots comerciales especiales e incluso un "software de volatilidad" que te ayudará a evaluar tus transacciones diarias y maximizar tu margen de beneficio. ¡Así que asegúrate de mantener tus opciones abiertas!!

Conclusión: Todo en un Día de Inversión

Bitcoin no fue tomado muy en serio cuando se introdujo su concepto por primera vez. Algunos incluso lo compararon con el "dinero de Internet" que se transmite entre los nerds informáticos aburridos. Estos comentaristas mal informados solo revelaron cuán cortos de vista eran realmente. Ahora resulta bastante evidente que Bitcoin es mucho más que la versión de dinero de *monopoly* de algún geek informático.

En ese momento se consideró otra rareza de la era de Internet, pero la mayoría se mostraba reacio ante la idea de invertir en ella. Los pocos que invirtieron en ella recibieron burlas y mofas. Pero ahora que estos inversionistas ridiculizados se han vuelto ridículamente ricos con sus inversiones tempranas en Bitcoin, es seguro decir que han reído al último. Y su sorprendente éxito ha servido como un testimonio lo suficientemente poderoso y palpable para cambiar la mente de la mayoría.

Como resultado, estamos en medio de lo que podría denominarse una "fiebre del oro del siglo XXI", y ahora todos se apresuran a buscar la mejor manera de obtener beneficios de este nuevo y poderoso sistema financiero, aunque poco comprendido. Bitcoin ha demostrado ser rentable, pero la mayoría de quienes están dispuestos a invertir en él, todavía apuñalan en la oscuridad, y realmente no comprenden lo que se necesita para hacer que sus inversiones sean sólidas. A menudo todavía necesitan un pequeño empujón en la dirección correcta.

A pesar de la curva de aprendizaje a la que se enfrentan muchos inversionistas, Bitcoin sigue avanzando, sin embargo, y desde entonces ha incursionado en el comercio internacional en todas partes del mundo. Y ahora hay una buena razón para creer que Bitcoin podría algún día no solo convertirse en una buena reserva de valor para los inversionistas, sino que podría terminar siendo la primera moneda global del mundo. Los defensores de esta hazaña, argumentan que Bitcoin presenta una oportunidad única para prevenir la corrupción en todos los niveles de la sociedad. Aún queda un arduo trabajo por realizar, pero con Bitcoin, ¡es solo una inversión de un día!

Conclusión: Litecoin—¿Marea Creciente o un Barco que se Hunde?

La marea creciente de Litecoin ha sorprendido a muchos, incluido, quizás más que a cualquier otra persona, el propio creador y fundador de Litecoin, Charlie Lee. El Sr. Lee recientemente sorprendió al mundo de la criptomoneda al vender todas sus tenencias de Litecoin por 17.000 millones de dólares. ¿Su razón? Afirma que mantener una gran parte de la moneda y ser una figura tan influyente presenta un conflicto de intereses significativo.

Según Lee, ni siquiera puede twittear sobre el estado de Litecoin sin que alguien lo acuse de tratar de aumentar sus propias acciones en la compañía. Es por esta razón, que Charlie Lee, deseando eliminar por completo las percepciones de la mente del público, decidió vaciar su cuenta de Litecoin el 20 de diciembre de 2017. Es bastante sorprendente pensar que Charlie comenzó Litecoin como un simple medio para mejorar Bitcoin. Sin embargo, terminó por ubicarse en la cima de una fortuna de Litecoin.

Y a pesar de que Charlie Lee recientemente ha saltado del barco, continúa insistiendo en que Litecoin es más fuerte que nunca. Si Litecoin era una embarcación oceánica, el Sr. Lee era el capitán que no se hundió con su nave, pero solo el tiempo dirá si Litecoin puede continuar con su creciente ola de éxitos sin que él esté al mando.

Antes que sigan Adelante, echen un vistazo a este regalo gratuito.

www.ingramcontent.com/pod-product-compliance
Lightning Source LLC
LaVergne TN
LVHW022311060326
832902LV00020B/3406